Stimmt das?

Copyright © für die deutsche Ausgabe
Parragon Books Ltd
Chartist House
15–17 Trim Street
Bath, BA1 1HA UK
www.parragon.com

Realisation der deutschen Ausgabe:
trans texas publishing services GmbH, Köln
Übersetzung und neue Texte: Wiebke Krabbe, Damlos

ISBN 978-1-4723-7297-0

Printed in China

Stimmt das?

Volksweisheiten & Redensarten auf dem Prüfstand

/Medizin /Ernährung /Gesundheit /Natur

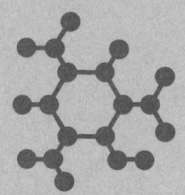

Einleitung

/Viele bekannte Redensarten wurden über Generationen mündlich überliefert. Die meisten werden heute als Aberglaube belächelt, denn wir neigen zu der Überzeugung, dass Wissenschaften wie Physik, Chemie und Biologie Antworten auf alle Fragen liefern können.

Solche Redensarten werden auch »Ammenmärchen« genannt. In Wörterbüchern findet man unter diesem Begriff Erklärungen wie »unsinnige Geschichten, die von geschwätzigen Frauen erzählt werden«. Es gab sogar Zeiten, in denen derartige Ammenmärchen als sündig galten. So schrieb der Apostel Paulus an Timotheus: »Gottlose Altweiberfabeln weise zurück! Übe dich in der Frömmigkeit!« (1. Tim 4.7).

Die Frauen, die ihre Ansichten weitergaben, konnten weder lesen noch schreiben. Sie erzählten einander und ihren Kindern Geschichten. Das mag der Grund dafür sein, dass so viele Weisheiten um Themen aus ihrem direkten Lebensumfeld kreisen: Schwangerschaft und Geburt, Gesundheit und Haushalt.

Ein großer Teil der Dichtung und der Geschichten von Frauen ist im Lauf der Zeit verloren gegangen. Weil die Urheberinnen der »Weibergeschichten« ungebildet und weil die Erzählerinnen Frauen und ihre Zuhörer meist Kinder waren, tat man sie als bedeutungslos ab. Schon seit Urzeiten werden solche Geschichten mit Geringschätzung betrachtet.

Aber manchmal sind gerade die uralten Ratschläge die besten, wie Celeborn in *Der Herr der Ringe* Boromir erklärt: »Doch, verachte mir nicht die Überlieferung aus den fernen Jahren; denn oft trifft es sich so, dass der alten Weiber Gedächtnis noch Kenntnis von manchem bewahrt, das einst die Weisen wissenswert fanden.« Tatsächlich gibt es eine beachtliche Zahl solcher Weisheiten, deren Wahrheitsgehalt von der modernen Wissenschaft bestätigt wird.

Manche sind schlichtweg unsinnig *(Butter lindert Schmerzen bei Verbrennungen)*, manche sind aus den falschen Gründen richtig *(Zucker macht Kinder hyperaktiv)*, manche sind aus den richtigen Gründen falsch *(Möhren beugen Nachtblindheit vor)*, manche stimmten zu ihrer Zeit, sind aber heute überholt *(Es bringt Unglück, auf der Bühne zu pfeifen)*, manche sind ungeklärten Ursprungs, stimmen aber zufällig *(Brotrinde ist gesund)*, manche wurden durch moderne Forschungsergebnisse bestätigt *(Ginkgo ist gut für das Gedächtnis)*, und einige halten sich hartnäckig, obwohl sie wissenschaftlich zweifelhaft sind *(Es ist gefährlich, mit vollem Bauch zu schwimmen)*

Leider sind manche der alten Weisheiten eben einfach nur alt, und der Normalverbraucher weiß nicht genau, welche wahr (oder halb wahr) sind und welche er getrost vergessen kann. Da setzt dieses Buch an. Auf der Grundlage moderner Forschungsergebnisse nimmt es Ursprung und Wahrheitsgehalt von mehr als 50 Volksweisheiten und Redensarten unter die Lupe und erklärt, wie sie entstanden sind und wie sie in unsere Zeit passen.

Inhalt

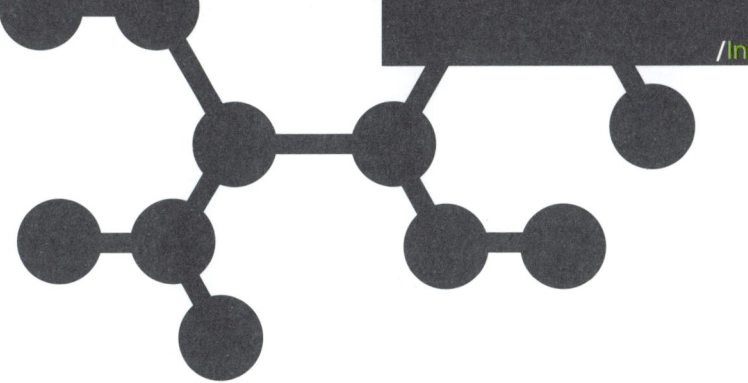

„Möhren beugen Nachtblindheit vor"

/Möhren sind reich an Betacarotin. Dies ist eins von mehr als 600 Karotinoiden (organischen Pigmenten), die in der Natur vorkommen. Etwa 50 von ihnen kann der Körper in Vitamin A umwandeln, das wichtig für die Augen und vor allem das Nachtsehvermögen ist. Eingeschränktes Sehvermögen bei Dunkelheit ist eins der ersten Anzeichen für Vitamin-A-Mangel. Ein gesunder Mensch, der mit seiner Nahrung bereits ausreichend Betacarotin oder andere Vorstufen von Vitamin A zu sich nimmt (z.B. Retinol, die häufigste Quelle tierischen Ursprungs, die in Fleisch, Fisch, Ölen, Eiern und Milchprodukten enthalten ist), kann sein Nachtsehvermögen durch den Verzehr von mehr Möhren nicht verbessern.

Der Bereich des Auges, der Licht und Farbe wahrnimmt, ist die Netzhaut. Auf ihr befinden sich zweierlei Sehzellen – Stäbchen und Zapfen. Betacarotin ist wichtig für das Nachtsehvermögen, weil es von der Netzhaut in Retinal (eine Form von Vitamin A) umgewandelt wird. In Verbindung mit dem Protein Opsin erzeugt es das violette, lichtsensitive Pigment Rhodopsin. Dieses wird für die Stäbchenzellen gebraucht, die bei schwachem Licht arbeiten.

Ein Mangel an Vitamin A erhöht das Risiko für grauen Star, Glaukom und Makuladegeneration, insofern ist der tägliche Verzehr von Möhren ratsam. Starke Überdosierung führt zu Karotinose, einer vorübergehenden, nicht tödlichen Hautverfärbung durch Ablagerung von Karotin. Damit dies geschieht, muss man jedoch täglich weitaus mehr als einen Liter Möhrensaft trinken. 1974 starb der 48-jährige Brite Basil Brown aus Croydon, nachdem er zehn Tage lang täglich eine Gallone (ca. 4,5 Liter) Möhrensaft getrunken hatte. Wahrscheinlich wurde seine tödliche Leberzirrhose aber durch die extrem hohe Dosis eines Vitamin-A-Präparats verursacht, das er zusätzlich einnahm.

Im Zweiten Weltkrieg spielten Möhren für die Ernährung der Zivilbevölkerung eine wichtige Rolle. Sie waren relativ reichlich vorhanden und wurden oft als Ersatz für knappere Lebensmittel verwendet. Auch die Propaganda der Alliierten trug dazu bei, dass Möhren mit dem Nachtsehvermögen in Zusammenhang gebracht wurden. Mithilfe des gerade erfundenen Radars konnten die Alliierten nachts erheblich mehr deutsche Flugzeuge abschießen. Um vom eigentlichen Grund ihres »Erfolgs« abzulenken, setzten sie die Legende in Umlauf, die Piloten äßen sehr viele Möhren. In der Tat sind Möhren eine der reichsten natürlichen Quellen für Betacarotin, es gibt jedoch viele andere, darunter Brokkoli, Grünkohl, Spinat, Süßkartoffeln, Kürbisse, Aprikosen, Cantaloupe-Melonen, Papayas, Mangos, Nektarinen und Pfirsiche. Hätte man eins dieser Lebensmittel gewählt, um die Öffentlichkeit zum Narren zu halten, würden wir vielleicht heute dieses anstelle von Möhren mit dem Nachtsehvermögen assoziieren.

>Fazit

Der Verzehr von Möhren verbessert das Nachtsehvermögen nur, wenn ein Vitamin-A-Mangel vorliegt.

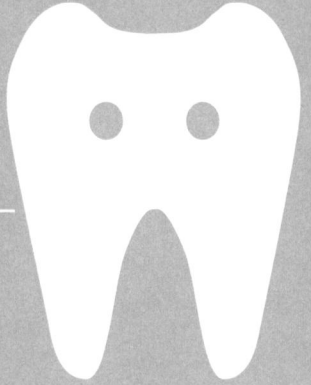

" Jedes Kind kostet einen Zahn "

/Dies ist eine der bekanntesten Weisheiten in Bezug auf die Frauengesundheit, und tatsächlich hat die Wissenschaft einen Zusammenhang zwischen der Anzahl der Schwangerschaften und der Zahngesundheit festgestellt.

2005 führte das Institut für Zahnmedizin an der Universität von New York eine Studie an 2635 Frauen im Alter zwischen 18 und 64 durch, die mindestens ein Kind geboren hatten. Viele klagten über Zahnprobleme. Die Forscher stellten ein erhöhtes Risiko für Gingivitis und Parodontose fest, die verschiedenen Ursachen für dieses erhöhte Risiko sind jedoch umstritten. Einige mögliche Gründe sind nachfolgend aufgeführt.

1. Morgendliche Übelkeit greift die Zähne an. Häufiges Erbrechen infolge von *Hyperemesis gravidarum* (Morgenübelkeit) verursacht durch Kontakt mit der aggressiven Magensäure Zahnschäden. Etwa 80 % aller Schwangeren sind in einem gewissen Maß von Morgenübelkeit betroffen. Meist lässt sie um die 16. Schwangerschaftswoche nach, aber bei 20 % der Frauen kann sie während der ganzen Schwangerschaft andauern.

2. Schwangere Frauen und Mütter sind sehr beschäftigt und vernachlässigen die Vorsorgeuntersuchungen, sodass Zahnerkrankungen zu spät erkannt werden.

Eine Studie am Center for Disease Control and Prevention (CDC) in Atlanta (USA) ergab, dass etwa ein Viertel der befragten Schwangeren über Zahnprobleme klagte, davon begab sich jedoch nur die Hälfte in Behandlung.

3. In der Schwangerschaft werden die Vitamin- und Mineralreserven der Mutter stark beansprucht. Der erhöhte Abbau von Kalzium schwächt die Zähne. Wenn der Kalziumvorrat des Körpers gering ist, greift er tatsächlich auf Knochen und Zähne zurück. Studien legen aber nahe, dass der zusätzliche Kalziumbedarf des Fötus nicht aus dem Skelett der Mutter gedeckt wird, sondern durch eine erhöhte Kalziumaufnahme aus der Nahrung im Verdauungstrakt. Wenn sich die Schwangere ausgewogen ernährt, sind Zahn- und Knochenschäden nicht zu befürchten.

4. Zahnfleischbluten kommt beim Zähneputzen und Reinigen mit Zahnseide bei Schwangeren häufiger vor. Das liegt daran, dass das Hormon Progesteron das Zahnfleisch weicher macht, und durch die erhöhte Blutzufuhr kommt es leichter zu Reaktionen auf Bakterien im Zahnbelag.

5. Stillen kann den Abbau von Kalzium aus Knochen und Zähnen verursachen. Pro Tag gehen dem Körper mit der Muttermilch 280–400 mg Kalzium verloren, es wurden aber auch Verluste von bis zu 1000 mg beobachtet. Wissenschaftliche Untersuchungen legen den Schluss nahe, dass der erhöhte Kalziumbedarf durch eine vorübergehende Demineralisierung des Skeletts gedeckt wird.

6. Kinderlose Frauen sind gesünder als Mütter. An der Universität von Minnesota untersuchte Dr. Jerica Berge die Ernährungs- und Bewegungsgewohnheiten von Eltern mit Kindern unter fünf Jahren. Die Mütter hatten einen höheren Body Mass Index als kinderlose Frauen, sie trieben weniger Sport und ernährten sich ungesünder. Berücksichtigt man auch den Schlafmangel, kommt ein brisanter Cocktail gesundheitlicher Risikofaktoren zusammen.

> **Fazit**

Studien belegen einen Zusammenhang zwischen Schwangerschaft, Mutterschaft und Zahnproblemen. Dafür gibt es teilweise umstrittene Ursachen.

„Erkältung füttern, Fieber aushungern"

/Dieser Volksglaube ist alt und verbreitet. Schon 1547 schrieb John Withals in einem Lexikon: »Fasten ist ein gutes Mittel gegen Fieber.« Wo die genauen Ursprünge dieses Glaubens liegen, ist unbekannt. Mitunter wird angenommen, dass die Redensart eigentlich besagt: »Wenn du jetzt eine Erkältung fütterst, musst du später ein Fieber aushungern.«

Wahrscheinlich haben die Menschen in früheren Zeiten zwischen zweierlei Arten von Krankheiten unterschieden: denen, die durch niedrige Temperaturen verursacht wurden (Erkältungen und Erfrierungen) sowie denen, die mit Fieber einhergingen. Vermutlich nahm man an, durch Nahrung die Körpertemperatur anheben und durch Fasten senken zu können.

Bis vor kurzer Zeit haben Ärzte und Ernährungswissenschaftler diese Volks-weisheit abgelehnt und es für unsinnig erklärt, das Abwehrsystem eines kranken Menschen durch übermäßiges Essen oder Hungern noch weiter zu schwächen. Allerdings hat der Zellbiologe Gijs van den Brink am Academic Medical Centre in Amsterdam Studien durchgeführt, die belegen, dass das Gleichgewicht zweier Zytokine (Stoffe, die zum Immunsystem gehören) durch die Ernährung beeinflusst wird. Er schlussfolgert: »Es scheint eine Parallele zwischen unseren Ergebnissen und der Redensart zu geben.«

Van den Brink stellte bei sechs Probanden fest, dass nach einer Mahlzeit der Spiegel des Zytokins Gamma-Interferon (INF-y) im Blut um 450 % anstieg. Dieser Stoff bewirkt die Ausschüttung weißer Blutkörperchen, die in der Blutbahn infizierte Zellen vernichten. Diese Abwehrreaktion bekämpft Virusinfektionen, die für Erkältungen verantwortlich sind.

Probanden, die freiwillig fasteten, hatten einen niedrigen INF-y-Spiegel, aber einen um das Vierfache erhöhten Spiegel des zweiten Zytokins Interleukin-4 (IL-4), das die Produktion von Antikörpern anregt. Antikörper sind molekulare Wachhunde, die in der Blutbahn Viren, Bakterien und andere Fremdkörper aufspüren. Finden sie ein solches Objekt, docken sie an ihm an und lösen weitere starke Abwehrreaktionen des Immunsystems aus. Diese bekämpfen bakterielle Infektionen, die für viele fieberhafte Erkrankungen verantwortlich sind.

Im *New Scientist* heißt es: »Van den Brink vermutet, dass die Reaktion des Immunsystems nach dem Essen der Energieeinsparung dient. Bakterielle (fiebrige) Infektionen erfordern meist eine sofortige Reaktion. Die Abwehr von Viren (Erkältung), denen der Körper bereits ausgesetzt ist, kann warten, bis mehr Energie zur Verfügung steht.«

>Fazit

»Es ist offensichtlich, dass Nahrungsauf-nahme eine kurzzeitige Wirkung auf das Immunsystem haben kann« (van den Brink). Für Schlussfolgerungen sind jedoch umfassendere Studien nötig.

" Käse am Morgen ist Gold, zu Mittag Silber und am Abend Blei "

/Niemand weiß genau, wann und wie diese Redensart entstand. Bereits 1834 hielt Julius Max Schottky, Professor für Geschichte, fest, wie Käse beschaffen sein sollte und wann man ihn am besten verzehrt. Nachdruck erhielt der Volksglaube in den 1950er-Jahren. Damals stellte man fest, dass der Verzehr von Käse bei Patienten, die bestimmte Antidepressiva einnahmen, Herzrasen und gefährlich erhöhten Blutdruck begünstigte, was die Vermutung, Käse wäre für schlechten Schlaf verantwortlich, zu bestätigen schien.

Tryptophan und Tyramin
Käse enthält die Aminosäure Tryptophan, die im Körper die Ausschüttung von Serotonin verursacht. Dieser Neurotransmitter trägt zu Gefühlen wie Glück und Wohlbehagen bei und fördert den Schlaf. Das Tryptophan in Putenfleisch wird oft für die Müdigkeit nach dem Essen verantwortlich gemacht. Tatsächlich sind die Kohlenhydrate die Verursacher. Käse enthält aber außerdem die Aminosäure Tyramin. Diese fördert die Freisetzung von Noradrenalin, das für Körperreaktionen auf Stress zuständig ist und darum als »Flucht- und Kampfhormon« bezeichnet wird. Das Zusammenwirken dieser beiden Stoffe fördert den Schlaf und das lebhafte Traumgeschehen.

14

Käse-Lobby

2005 gab der Verband der britischen Käseproduzenten (British Cheese Board) die weltweit erste Studie zu diesem Thema in Auftrag. Sie ergab, dass Käse (zumindest die sechs untersuchten britischen Sorten) keine Albträume verursacht, legte aber einen Zusammenhang zwischen bestimmten Käsesorten und dem Inhalt der Träume der Probanden nahe.

Traumfutter

200 freiwillige Probanden (100 Männer und 100 Frauen) verspeisten eine Woche lang 30 Minuten vor dem Schlafengehen ein 20 g schweres Stück Käse und notierten ihre Träume. 75 % gaben an, gut geschlafen zu haben, und zwei Drittel von ihnen konnten sich an ihre Träume erinnern.

Probanden, die Blauschimmelkäse gegessen hatten, berichteten von besonders ungewöhnlichen Träumen, etwa von einem vegetarischen Krokodil, das keine Kinder fressen konnte, und von Soldaten, die statt mit Kugeln mit kleinen Katzen kämpften.

Der Hartkäse Red Leicester brachte 60 % der Teilnehmer nostalgische Träume und erwies sich als besonders förderlich für den guten Schlaf.

Prominente von Jordan bis Johnny Depp traten in den Träumen von 65 % der Probanden auf, die Cheddar gegessen hatten. Zwei Drittel der Personen, die Lancashire-Käse gegessen hatten, träumten von ihrer Arbeit.

Englischer Brie schenkte Frauen vorwiegend angenehme Träume, Männern hingegen merkwürdige – etwa betrunken zu sein und mit einem Hund zu plaudern. Über die Hälfte der Cheshire-Esser berichteten von erfrischendem, aber traumlosem Schlaf.

> **Fazit**

Eine kleine Portion Käse vor dem Schlafengehen fördert den Schlaf und das lebhafte Traumgeschehen, verursacht aber keine Schlafstörungen.

"Wer den ersten Fisch wieder ins Wasser wirft, fängt den ganzen Tag gut"

/ In kleinen Süßwasserseen ist das Zurückwerfen gut für den Bestand und sichert in gewisser Weise den Fang der nächsten Wochen. Das Meer ist so groß, dass ein einzelner Fisch nichts Nennenswertes bewirkt. Vielleicht diente der Brauch aber ursprünglich auch dazu, dem Gott des Gewässers den ersten Fang zu opfern, um ihn milde zu stimmen oder ihm für gute Fänge der Vergangenheit zu danken.

Nahrung für die Götter

Opfer, vor allem Speiseopfer, haben nahezu alle alten Kulturen ihren Göttern dargebracht. Die Maori in Neuseeland beispielsweise glaubten, dass Anbau und Ernte von Nahrung der Herrschaft verschiedener *atua* oder Gottheiten unterlag, denen stets die ersten Früchte vorbehalten waren. Fischer warfen den ersten Fang als *karakia* (Gebet) für den Meeresgott Tangaroa wieder ins Wasser. Eine Maori-Legende handelt von Manuruhi, der einen Fisch fing und das Opfer vergaß. Tangaroa war darüber so wütend, dass er ihn in eine Statue (*tekoteko*) verwandelte. Diese steht nun auf seinem heiligen Versammlungshaus (*wharenui*).

Wenn Götter zu beschwichtigen sind, kann das Zurückgeben des Fisches gut oder schlecht sein, je nachdem, ob er tot oder lebendig ist und ob er geworfen wird.

Setzen, nicht werfen

Es ist grundsätzlich schlecht, etwas ins Wasser zu werfen. In Flüssen wird das Geräusch des Aufpralls sehr weit getragen und vertreibt andere Fische. Lebende Fische müssen behutsam ins Wasser gesetzt werden, um sie nicht zu verletzen. Am besten beugt man sich zum Wasser hinunter und lässt den Fisch aus den Händen davonschwimmen. Wenn der Fisch vom Einholen erschöpft ist, muss man ihn eventuell eine Weile im Wasser halten (mit dem Kopf zur Strömungsrichtung), bis er sich erholt hat.

Luft anhalten

Es ist wichtig, den Haken schnell und richtig zu lösen. Je länger es dauert, desto mehr leidet der Fisch. Nehmen Sie einen Fisch nur so lange aus dem Wasser, wie Sie selbst die Luft anhalten können. Fassen Sie einen Fisch nur mit nassen Händen an, um die schützende Schleimschicht auf seiner Haut nicht zu beschädigen.

Ausbreitung von Krankheiten

Tote Fische sollten nicht in Süßwasser geworfen werden. Sie mögen anderen Wasserbewohnern als Nahrung dienen, aber üblicherweise sind Angler aufgefordert, tote Fische, Fischteile und unbenutzte Köder wieder mit nach Hause zu nehmen, um die Ausbreitung von Krankheiten und Fremdorganismen im Wasser zu vermeiden. Sie sind eine Hauptursache für den Rückgang der Artenvielfalt in vielen Seen der Welt. Wandermuscheln und asiatische Karpfen sind bekannte Beispiele für Arten, die Ökosysteme stark verändern können.

Als Köder verwenden

Ein sicheres Mittel zur Erhöhung der Fangchancen besteht darin, den ersten Fisch zu zerkleinern und eine Handvoll ins Wasser zu werfen, um andere Fische anzulocken. Aber nicht zu viel, sonst sind sie satt und beißen nicht mehr an.

Beim Fischen im Meer und in Tiefen von über zehn Metern hat das Zurücksetzen wenig Sinn, denn durch das schnelle Einholen wird der Fisch ohnehin getötet (vergleichbar mit der Taucherkrankheit bei zu schnellem Auftauchen).

>Fazit

Es hat keinen Einfluss auf den Fang, den ersten Fisch zurückzuwerfen. Es können sogar andere Fische vertrieben werden.

17

"Es ist gefährlich, mit vollem Bauch zu schwimmen"

/In der Kindheit wurde uns eingeschärft, es sei lebensgefährlich, mit vollem Magen schwimmen zu gehen. Erstaunlich ist, dass die Menschen diesem Irrglauben so treu geblieben sind und aus Angst vor dem Ertrinken auf ein erfrischendes Bad verzichten.

Blut und Verdauung

Zur Verdauung von Nahrung muss der Darm mit mehr Blut versorgt werden, es steht also weniger für Muskeln und Lunge zur Verfügung. Wenn diese Umverteilung gefährlich wäre, beträfe sie nicht nur das Schwimmen, sondern jede körperliche Aktivität. Wir müssten nach jeder Mahlzeit in einem dunklen Raum ruhen – was in vielen südlichen Ländern in Form der Siesta tatsächlich praktiziert wird. Dies hat aber eher kulturelle als medizinische Gründe und dient weniger dazu, körperliche Anstrengung zu vermeiden, sondern der größten Hitze zu entgehen.

Träge Tage

Erstaunlicherweise singen wir Loblieder auf den Verdauungsspaziergang nach dem üppigen Sonntagsbraten, doch sobald Wasser ins Spiel kommt, wollen wir körperliche Aktivität um jeden Preis vermeiden.

Träge Eltern

Vielleicht hat sich der Mythos aber auch aus kulturellen Gründen so lange gehalten. Noch vor 50 Jahren waren Rettungsschwimmer an Stränden eher selten anzutreffen, und die Eltern mussten selbst aufpassen, dass ihren Kindern im Wasser nichts geschah. Dazu fehlte ihnen schlichtweg die Zeit. Wachsamkeit am Wasser ist gut und richtig, denn eine der häufigsten Unfall-Todesursachen bei Kindern ist nach wie vor das Ertrinken. Ein voller Magen als Grund für das Ertrinken taucht jedoch in den Statistiken nicht auf – auch nicht in Ländern, in denen Kindern das Baden nach dem Essen nicht verboten wird.

Eltern und Kinder brauchen sicherlich ab und zu eine Pause. Insbesondere, wenn die Kinder das Wasser nicht mehr verlassen wollen und ihnen ein Sonnenbrand drohen könnte. So kann es von doppeltem Nutzen sein, den Kindern das Baden in der Stunde nach dem Essen zu verbieten. Auf Kuba müssen die Kinder nach dem Essen sogar drei Stunden warten – was dafür spricht, dass die Eltern ihre Pause sehr zu schätzen wissen.

>Fazit

Wer gleich nach dem Essen schwimmen geht, wird keine Rekorde brechen. Es ist jedoch kein Fall von Ertrinken durch einen vollen Magen aktenkundig.

„Was Hänschen nicht lernt, lernt Hans nimmermehr"

/Das altbekannte Sprichwort legt nahe, dass die Lernfähigkeit des Menschen mit zunehmendem Alter abnimmt. Während sich zahlreiche Studien mit Demenz und anderen Formen altersbedingt abnehmender Gehirnleistung beschäftigen, ist das Lernen im Alter noch ein relativ junges Forschungsfeld.

Fluide und kristalline Intelligenz

Dass junge Menschen schnell und leicht lernen, zeigt sich daran, in welcher enormen Geschwindigkeit kleine Kinder ihre Muttersprache und, wenn sie mehrsprachig aufwachsen, auch ganz verschiedene Sprachen erlernen können. Diese Fähigkeit, neue Probleme zu lösen und sich in fremden Situationen schnell zurechtzufinden, bezeichnet man als fluide Intelligenz. Sie lässt mit dem Alter nach. Ein Forscherteam um Prof. Dr. Walter Perrig konnte jedoch schon 2008 nachweisen, dass sich die fluide Intelligenz auch im Erwachsenenalter bewahren und sogar steigern lässt.

Ältere Menschen verfügen über einen Schatz an Wissen und über Lebens-erfahrung, die man als kristalline Intelligenz bezeichnet. »Deshalb lernen Ältere sinnvollen Stoff auch besser als Junge, weil sie auf Erfahrung und Vorwissen aufbauen können«, erläutert Michael Falkenstein vom Institut für Arbeitsforschung an der Technischen Universität Dortmund. Wissen und Erfahrung versetzen sie außerdem in die Lage, Dinge und Situationen sicher zu beurteilen. Die kristalline Intelligenz braucht Zeit, um anzuwachsen.

Wortschatz

Der Schweizer Gerontopsychologe Dr. Philippe Rast hat die Daten der Zürcher Längsschnittstudie zur Gedächtnisleistung im Alter (»Zulu«, veröffentlicht am 22.3.2013) ausgewertet. Untersucht wurden 334 gesunde Teilnehmer zwischen 66 und 81 Jahren. In verschiedenen kognitiven Tests wurden beispielsweise der Wortschatz, das Arbeitsgedächtnis und die Verarbeitungsgeschwindigkeit des Gehirns untersucht, bevor die Proban-den neue Vokabeln lernen mussten. Es stellte sich heraus, dass Studienteil-nehmer mit einem großen Wortschatz und einem guten Arbeitsgedächtnis sich die neuen Wörter besonders gut einprägen konnten. Rast folgert daraus, dass sich die Lernleistung im Alter durch gezieltes Training von Wort-schatz und Arbeitsgedächtnis erhalten oder sogar steigern lässt.

Motorik

Lernen im Alter beschränkt sich nicht allein auf »intellektuelle« Kompeten-zen. Dr. Arne May vom Institut für Systemische Neurowissenschaften am Universitätsklinikum Hamburg-Eppendorf veröffentlichte 2008 im Journal of Neuroscience eine überraschende Studie. Er ließ 44 Probanden zwischen 50 und 67 Jahren das Jonglieren erlernen – was allen gelang. Vor und nach der dreimonatigen Trainingsphase wurden die Gehirne der Probanden untersucht und mit den Gehirnen untrainierter Personen verglichen. Selbst bei den ältesten Probanden waren durch das Training der Hippocampus (für das Lernen von zentraler Bedeutung), das Belohnungszentrum und der Assoziationskortex (zuständig für das Erfassen von Bewegungen im Raum) deutlich gewachsen.

>Fazit

Die Lernfähigkeit lässt mit dem Alter keines-wegs nach, allenfalls die Lerngeschwindig-keit kann sich etwas reduzieren.

„Ein verschluckter Kaugummi liegt sieben Jahre im Magen"

/ Kaugummi klebt jahrelang auf dem Bürgersteig – da liegt der Gedanke nahe, dass er ebenso lange im Magen oder Darm klebt. Aus medizinischer Sicht ist das Unsinn. Auf dem Fußboden mag Kaugummi hartnäckig sein, aber er bleibt nicht im Magen, weil unser Verdauungssystem alles Verwertbare verdaut und den Rest ausscheidet.

Gummiert

Die medizinische Literatur kennt einige Fälle, wo kleinere Kinder nach dem Verschlucken großer Mengen Kaugummi an gefährlichen Beschwerden litten. David E. Milov schrieb 1998 in der Fachzeitschrift *Pediatrics* in seinem Artikel »Chewing Gum Bezoars of the Gastrointestinal Tract«: »Der Verkauf von Kaugummi, vorwiegend an Kinder, macht einen beträchtlichen Anteil am 21 Milliarden Dollar starken Umsatz der amerikanischen Süßwarenindustrie aus. Obwohl Kaugummi seit langer Zeit in großen Mengen konsumiert wird, gibt es in der medizinischen Fachliteratur kaum Informationen über negative Auswirkungen des Konsums.« Sein Artikel nennt drei Kinder, bei denen nach dem Verschlucken erhebliche Probleme aufgetreten waren. Diese Extremfälle sind aber keineswegs repräsentativ.

>**FALL 1** war ein Junge von 4½ Jahren, der seit zwei Jahren an Verstopfung litt. Er schluckte täglich fünf bis sieben Stücke Kaugummi, und man musste ihm »manuell einen zähen Strang von Exkrementen« aus dem Rektum ziehen, »der größtenteils aus Kaugummi bestand.«

>**FALL 2** war ein 4¼ Jahre altes Mädchen, ebenfalls mit Verstopfung. Auch sie erhielt »als Belohnung« täglich mehrere Streifen Kaugummi, die sie schluckte.

>**FALL 3** war ein Mädchen von 1½ Jahren. Sie hatte zwei mit Kaugummi zusammengeklebte Münzen geschluckt, die ihre Speiseröhre blockierten. Ihre Eltern erklärten, dass sie (trotz ihres geringen Alters) regelmäßig Kaugummi konsumierte.

Milov folgerte, dass »Kaugummi nicht verschluckt werden sollte und keinen Kindern ausgehändigt werden sollte, die dies nicht verstehen«. Natürlich kann es zu Problemen kommen, wenn kleine Kinder große Mengen Kaugummi verschlucken. Bei Erwachsenen mit größeren und weiteren Därmen ist diese Gefahr weitaus geringer.

>**Fazit**

In der Mehrzahl der Fälle werden kleine Mengen verschluckten Kaugummis ausgeschieden und bleiben nicht im Körper. Grundsätzlich sollte Kaugummi nicht geschluckt werden, doch wenn dies versehentlich geschieht, ist nur bei übermäßig großen Mengen mit Beschwerden zu rechnen.

„Maskuline Männer haben längere Ringfinger"

/Hinter dieser vagen, unscharfen Aussage verbirgt sich ein Körnchen Wahrheit, das wissenschaftlich fundiert ist. Aber wenden wir uns zunächst der exakten Sprache zu, denn die Sache muss differenzierter betrachtet werden, als es die Redensart erlaubt.

2D:4D-Quotient

Das Längenverhältnis zwischen dem Zeige- und Ringfinger der rechten Hand (gemessen von der Falte am Übergang zur Handfläche) nennt man 2D:4D-Quotient. Viele Studien belegen, dass er schon vor der Geburt festgelegt wird und bei Männern niedriger ist als bei Frauen.

Testosteron

Verschiedene Studien zeigen, dass der 2D:4D-Quotient von der Testosteronmenge abhängt, der der Fötus am Ende des ersten Schwangerschaftsdrittels ausgesetzt ist. Je größer der Längenunterschied zwischen dem rechten Zeige- und Ringfinger eines Mannes, desto höher war der Testosteronspiegel in dieser Zeit und desto geringer ist der 2D:4D-Quotient. Je geringer der Quotient eines Mannes ist (d. h., je länger der Ringfinger im Vergleich zum Zeigefinger ist), desto »maskuliner« ist er – wenn wir maskulin im rechten Bereich einer durchgehenden Links-rechts- und Weiblich-männlich-Skala ansiedeln.

Attraktives Gesicht

Mehrere Studien zeigen eine Verbindung zwischen einem niedrigen 2D:4D-Quotienten bei Männern und anderen Merkmalen. Je weiter der Quotient zur maskulinen Seite der Skala tendiert, desto attraktiver ist das Gesicht. Ein hoher Testosteronspiegel fördert die Ausprägung der unteren Gesichtshälfte, der Wangenknochen, der Brauenbogen, während Östrogen deren Ausprägung hemmt. Insofern kann die Menge des Testosterons, der ein Mann vor seiner Geburt ausgesetzt war, die Entwicklung und Attraktivität seines Gesichts beeinflussen. Aber das ist nicht alles. Auch der Testosteronspiegel in Pubertät und Erwachsenenalter spielt eine wichtige Rolle.

Sport und sexuelle Orientierung

Männer mit niedrigen 2D:4D-Quotienten nehmen häufiger an Wettkampf-Sportarten teil als Männer mit einem hohen 2D:4D-Quotienten. Eine Studie unter der Leitung von Terrance Williams an der University of California zeigte bei lesbischen Frauen einen niedrigeren, »maskulinen« 2D:4D-Quotienten als bei heterosexuellen Frauen, während zwischen homosexuellen und heterosexuellen Männern kein nennenswerter Unterschied bestand. Jüngere Söhne (mit mindestens zwei älteren Brüdern) hatten – unabhängig von der sexuellen Orientierung – deutlich »maskulinere« Finger als älteste Söhne. Andere Studien haben gezeigt, dass der Anteil homosexueller Männer unter jüngeren Brüdern höher liegt. Statistisch besteht für einen jüngeren Sohn mit einem niedrigen 2D:4D-Quotienten also eine größere Wahrscheinlichkeit, homosexuell zu werden.

>Fazit

Der Längenunterschied zwischen rechtem Zeige- und Ringfinger eines Mannes steht im Zusammenhang mit dem Testosteronspiegel vor der Geburt, der Attraktivität seines Gesichts, seinem Wettbewerbsehrgeiz und seiner sexuellen Ausrichtung.

"Vorbräunen schützt vor Sonnenbrand"

/Alljährlich im Frühsommer haben die Sonnenstudios Hochkonjunktur, weil viele Menschen schnell eine Portion Bräune tanken wollen. Sie glauben, damit im kommenden Sommer oder Urlaub gegen Sonnenbrand gefeit zu sein. Und natürlich auch, weil gebräunte Haut noch immer mit Fitness und Gesundheit assoziiert wird.

Bräunung der Haut

Das ultraviolette Licht der Sonne setzt sich aus langwelligen UV-A-Strahlen und kurzwelligen UV-B-Strahlen zusammen. Das extrem kurzwellige UV-C-Licht wird weitgehend durch die Ozonschicht absorbiert.

Die UV-A-Strahlung bewirkt eine schnelle, aber nicht lang anhaltende Bräunung der Haut. Sie baut keinen Schutz auf und hinterlässt keine sofort sichtbaren Schäden. Die UV-B-Strahlung verursacht letztlich eine Irritation der Haut, auf die die Pigmentzellen (Melanozyten) mit einer vermehrten Bildung von Melanin reagieren. Die daraus resultierende Bräunung dient dem Schutz der Haut und hält länger an, allerdings ist diese Schutzwirkung relativ gering. Übermäßige UV-B-Strahlung verursacht Sonnenbrand.

Zellschäden

Die ultraviolette Strahlung dringt in die Zellen ein und kann die DNA in den Zellkernen beschädigen. Diese DNA enthält genetische Informationen, die notwendig sind, damit bei der Zellteilung neue gesunde Hautzellen entstehen. Da solche Verfremdungen der DNA auch aus anderen Gründen vorkommen können, verfügt der Körper über Mechanismen, die diese Schäden reparieren. Bei einem Sonnenbrand entsteht jedoch ein so hohes Maß an Zellschädigungen (bis zu 100 000 Schädigungen an der DNA jeder Zelle), dass diese Reparaturmechanismen überfordert sind. Die Folge können Zellmutationen und im schlimmsten Fall Hautkrebs sein.

Hautkrebs

Man unterscheidet zwischen dem »hellen« Hautkrebs, der auch Basal- oder Stachelzellenkrebs genannt wird, und dem besonders gefährlichen schwarzen Hautkrebs (malignes Melanom). Nach Angaben der deutschen Krebshilfe erkranken jährlich knapp 200 000 Menschen an Hautkrebs, darunter etwa 24 000 am malignen Melanom, das jährlich etwa 3000 Todesfälle verursacht. Während früher Hautkrebs vorwiegend bei älteren Patienten auftrat, beobachtet Dr. Rüdiger Greinert, Biophysiker am Dermatologischen Zentrum Buxtehude: »Inzwischen gibt es vermehrt Fälle von schwarzem Hautkrebs bei 30- bis 40-Jährigen.«

Die Hautbräunung bietet keinen Schutz vor Erbgutschäden und Hautkrebs.

Solarien

Das Bundesamt für Strahlenschutz (BfS) informierte im Juli 2014: »Neueste wissenschaftliche Erkenntnisse zeigen, dass sich das Risiko, am schwarzen Hautkrebs (malignes Melanom) zu erkranken, für Nutzer von Solarien um den Faktor 1,2 erhöht im Vergleich zu Nichtnutzern – bei erster Nutzung vor dem 35. Lebensjahr sogar um den Faktor 1,6. Darüber hinaus geht jede zusätzliche Solarien-Nutzung pro Jahr mit einer Erhöhung des Melanom-Risikos um 1,8 % einher, und zirka 5 % aller Melanom-Neuerkrankungen in Europa können auf Solarien-Nutzung zurückgeführt werden.«

> **Fazit**

Das Vorbräunen im Solarium bringt der Haut keinen Nutzen, sondern erhöht sogar das Risiko für Hautschäden und Hautkrebs.

„Es schadet den Augen, zu nahe vor dem Fernseher zu sitzen"

/Oft gaukeln Eltern ihren Kindern etwas vor, ohne sich dessen bewusst zu sein. Oder doch? Es ist ärgerlich, wenn ein Kind den Blick auf die Lieblingsfernsehsendung versperrt. Dann ziehen Eltern gern den Joker »Halbwissen« aus dem Ärmel. Aber woher wissen sie, dass das Kind nicht kurzsichtig ist und darum so nahe vor dem Bildschirm sitzt? Oder dass eine zu große Entfernung schädlicher sein kann?

Zum Glück stimmt nur eine dieser Aussagen. Wenn ein Kind immer sehr nahe vor dem Bildschirm sitzt, braucht es vielleicht eine Brille. Generell können Kinder Dinge in der Nähe besser scharf sehen als Erwachsene. Diese Fähigkeit nimmt mit dem Alter ab, darum hält Oma Nadel und Faden beim Einfädeln am ausgestreckten Arm.

Anstrengung
Eine zu geringe Entfernung zum Bildschirm schadet den Augen nicht dauerhaft, kann sie aber anstrengen. Ist die Entfernung größer,

müssen sich die Augen nur minimal bewegen, um Details zu erkennen. Betrachtet man einen großen Bildschirm aus der Nähe, erfordert der Blick von einer Seite zur anderen weitaus mehr Bewegung. Viele Menschen sind vom Fernsehen so gebannt, dass sie nicht blinzeln. Dann werden die Augen trocken und beginnen zu brennen oder zu jucken. Das Problem kennen auch Personen, die lange und ohne regelmäßige Pausen am Bildschirm arbeiten.

Das eigentliche Problem

Das Problem am Fernsehen ist das Fernsehen selbst. Viele Studien belegen, dass stundenlanges Fernsehen zu Übergewicht, Aggression, verringertem Wortschatz, schlechterer Lese- und Rechenfähigkeit, verminderter Auffassungsgabe und Schlafstörungen führen kann. Hinzu kommt, dass das Fernsehen – und nicht nur die Werbung – oft eine verzerrte oder übertriebene Realität darstellt. Ob Seifenoper oder Nachrichtensender: Überall sehen wir Figuren, aber kein objektives Bild der Welt.

Symptom, nicht Ursache

Man möchte also meinen, dass das Fernsehen negative Auswirkungen auf das Gehirn hat. Dem widersprechen Marie Evans Schmidt und ihr Team am Zentrum für Medien und Kindergesundheit des Children's Hospital Boston. Eine Studie mit 800 Kindern zwischen null und drei Jahren ergab, dass Kinder, die viel fernsehen, im Alter von drei Jahren schlechtere sprachliche und motorische Fähigkeiten zeigten als Kinder, die wenig fernsahen. Als sie aber andere Kontrollfaktoren wie Bildung der Eltern und Haushaltseinkommen einbezogen, war der Zusammenhang nicht mehr nachzuweisen. Das legt nahe, dass Eltern, die ihre Kinder vor dem Fernseher »abstellen«, ihrer Verantwortung auch in anderer Hinsicht nicht gerecht werden – also ist das Fernsehen nicht die Ursache. Schmidt erklärt: »Anfangs sah es aus, als hätte das Fernsehen Einfluss auf die kognitive Entwicklung, aber letztlich ist Vielfernsehen nur ein Anzeichen für andere Defizite in der häuslichen Umgebung, die zu schlechten Testergebnissen führen.«

>Fazit

Eine geringe Entfernung zum Bildschirm schädigt die Augen nicht, kann sie aber anstrengen und ein Anzeichen für Kurzsichtigkeit sein.

"Schokolade verursacht Akne"

/Akne wird im Volksbewusstsein oft mit Schokolade, Chips, fettem Essen, Süßigkeiten und zuckerhaltigen Getränken in Zusammenhang gebracht. Es scheint plausibel, dass eine gesunde Ernährung der Hautgesundheit nützt, aber die Wissenschaft kann keine schlüssigen Beziehungen zwischen einzelnen Lebensmitteln und Akne nachweisen.

Hundert Prozent Kakao

Die meisten Wissenschaftler sind sich einig, dass Schokolade keine Akne verursacht. Forscher an der Miller School of Medicine der Universität Miami haben aber festgestellt, dass der Verzehr von Schokolade mit 100%igem Kakaoanteil bei anfälligen Personen das Aknerisiko erhöhen kann. Sie untersuchten zehn gesunde Männer zwischen 18 und 35, die an Gesichtsakne litten. Zu ihrer normalen Ernährung erhielten sie eine Woche lang täglich unterschiedliche Mengen von Ghirardelli-Schokolade mit 100%igem Kakaoanteil. Im Vergleich von Tag 1 und Tag 7 zeigte sich eine Zunahme der Intensität der Akne. Allerdings wäre eine breiter angelegte Studie mit einer Placebo-Vergleichsgruppe nötig, zumal handelsübliche Schokolade auch Zutaten wie Zucker, Emulgatoren, Fette und Milchpulver enthält. In Tests mit solcher Schokolade konnte kein Zusammenhang mit Akne nachgewiesen werden.

Akne und glykämischer Index

An der Universität von Melbourne und der dermatologischen Abteilung des Royal Melbourne Hospital wurde zwei Jahre lang über den Zusammenhang zwischen dem Hautzustand und dem ernährungsbedingten Insulin- und Glukosespiegel geforscht. Im Juli 2007 wurden die Ergebnisse im *American Journal of Clinical Nutrition* veröffentlicht. Zwei Gruppen von Männern zwischen 15 und 25 hatten zwölf Wochen lang unterschiedliche Ernährungspläne eingehalten. Der ersten Gruppe waren zuckerhaltige Getränke und Süßigkeiten, Weißbrot und Kartoffeln erlaubt. Die zweite Gruppe erhielt Lebensmittel mit einem niedrigen glykämischen Index (die Zucker nur langsam ans Blut abgeben), Vollkorngetreide und proteinreiche Produkte. Bei der zweiten Gruppe zeigte sich gegenüber der Vergleichsgruppe ein Rückgang der Akne um 50 %. Ein Zusammenhang zwischen gesunder Ernährung und Gesamtgesundheit steht außer Frage, folglich liegt bei Patienten, die sich ungesund ernähren, das Aknerisiko höher.

Hauptursachen für Akne

Akne entsteht durch Ablagerungen abgestorbener Hautzellen im Follikel und durch eine erhöhte Talgproduktion. Die Pore verstopft, und es entsteht ein Milieu, in dem sich der Erreger *Propionibacteria acnes* vermehrt, bis es letztlich zu einer Entzündung – einem Pickel – kommt.

Ungeachtet gewisser Zusammenhänge zwischen Ernährung und Akne sind die Hauptgründe eine genetische Veranlagung zu fettiger Haut (fettige Nahrung verursacht sie nicht) und der Spiegel androgener Hormone wie Testosteron. Der Testosteronspiegel steigt in der Pubertät erheblich an, darum tritt Akne bei jungen Männern häufiger und anhaltender auf als bei Frauen. Etwa 50 % des Testosterons werden in Dihydrotestosteron umgewandelt, das während der Pubertät die körperliche Reifung und u. a. das Wachstum der Schamhaare steuert. Dihydrotestosteron kurbelt auch die Produktion der Talgdrüsen an und verursacht fettigere Haut.

> **Fazit**

Wer zu Akne neigt, sollte Schokolade pur meiden. Im Rahmen einer gesunden Ernährung ist mäßiger Genuss handelsüblicher Schokolade aber unbedenklich.

„Gegen Nasen- bluten hilft ein Schlüssel auf dem Rücken"

/Dieser Volksglaube wird durch allerlei Anekdoten gestützt, und auch Ärzte bestätigen, dass ein kalter Gegenstand auf dem Rücken Nasen- bluten zum Stillstand bringt. Schlüssel, Eis oder ein kalt-feuchtes Tuch sind geeignet, um den Tauchreflex auszulösen, der bei allen Lungenatmern automatisch beim Eintauchen in kaltes Wasser (unter 21 °C) ausgelöst wird. Noch wirkungsvoller ist es, das Gesicht in kaltes Wasser zu tauchen und dabei die Luft anzuhalten.

Tauchreflex

Der Tauchreflex ermöglicht es Lungenatmern, eine Zeit lang unter Wasser zu bleiben, indem der Sauerstoffbedarf des Körpers verringert wird. Sobald das Gesicht in Kontakt mit kaltem Wasser kommt, senden Rezeptoren in der Nasenhöhle und im Bereich des Kranialnervs ein Signal ans Gehirn. Dies löst eine starke Verlangsamung des Pulsschlags (Bradykardie), eine

Verengung der Gefäße und eine Verringerung der Blutversorgung der Extremitäten aus. Dadurch steht den Organen, vor allem dem Gehirn, mehr Blut zur Verfügung, und es tritt weniger Blut aus der Nase aus.

Bei Seehunden, Delfinen, Ottern und anderen Wasserbewohnern ist der Tauchreflex so stark, dass der Puls um 90 % reduziert werden kann. In sehr kaltem Wasser ist aber auch beim Menschen eine Reduktion um 75 % möglich. Je kälter das Wasser, desto stärker der Reflex – darum wirkt der »Schlüsseltrick«. Durch die plötzliche Berührung mit Kälte wird dieselbe automatische Reaktion ausgelöst wie beim Eintauchen in kaltes Wasser.

Survival-Reflex

Der Survival-Experte Bear Grylls demonstrierte dies in dem Dokumentarfilm *Abenteuer Survival*, indem er unter dem Eis eines Sees in den kanadischen Rocky Mountains schwamm. Sein Puls sank sofort von 160 auf 55 Schläge pro Minute. Der Reflex gibt dem Körper lebenswichtige Sekunden zusätzliche Zeit, um nach einem Sturz ins Wasser an die Oberfläche zu gelangen – aber er hemmt auch Nasenbluten.

Kälte und Druck

Die sinnvollste Behandlung kombiniert Kälte und Druck. Mit einem kalten Gegenstand – Schlüssel, Eis, Löffel – an der Wirbelsäule des Patienten auf und ab streichen, während dieser gleichzeitig mit Daumen und Zeigefinger seitlichen Druck auf die Nasenwurzel ausübt.

Dann sollte der Patient den Kopf nach vorn beugen und zehn Minuten durch den Mund atmen. Den Kopf nicht nach hinten neigen, denn dadurch wird die Blutung nicht gehemmt, und das Blut fließt in den Rachen.

>Fazit

Ein kalter Schlüssel auf dem Rücken wirkt gegen Nasenbluten, sollte aber mit Druck auf die Nasenwurzel und Mundatmung kombiniert werden.

„Wenn der Hahn kräht auf dem Mist ... "

/Selbst Menschen, die Aberglauben weit von sich weisen, erwischen sich dabei, wie sie am Siebenschläfertag das Wetter beobachten und vorsichtige Prognosen über den bevorstehenden Sommer anstellen.

Naturbeobachtung

Viele Wetterregeln sind über Jahrhunderte oder sogar Jahrtausende durch Beobachtung der Natur entstanden und mündlich überliefert worden. Gerade in der Landwirtschaft, die über Generationen den Lebensunterhalt unserer Vorfahren darstellte, spielten der optimale Aussaattermin oder der letzte Nachtfrost eine entscheidende Rolle dafür, ob die Familie satt wurde oder hungern musste. Darum war es in der Zeit, als es noch keine moderne Meteorologie gab, so wichtig, aus Beobachtungen Rückschlüsse auf die künftige Wetterentwicklung zu ziehen. Zu bedenken ist allerdings, dass unsere Vorfahren

»gutes Wetter« anders definierten als wir. Ihnen ging es nicht um Sonnenbräune und Badespaß, sondern um eine gute Ernte – und wenn dieser eine kühle Witterung und Regen zuträglich waren, dann war das Wetter »gut«. Sicher ist außerdem, dass die Bauern der Vergangenheit ihre Umgebung sehr viel genauer wahrnahmen, als die meisten Menschen es heute tun.

Planeten und Wetter

Vor etwa 350 Jahren verfasste Mauritius Knauer, Abt des Zisterzienserklosters Langheim, sein *Calendarium oeconomicum practicum perpetuum*, das heute als Hundertjähriger Kalender bekannt und noch immer beliebt ist. Aufgrund von astronomischen und naturwissenschaftlichen Studien war Knauer zu der Einsicht gekommen, das Wetter werde durch die Planeten beeinflusst. Bekannt waren damals lediglich Merkur, Mars, Venus, Saturn und Jupiter, außerdem zählte Knauer Sonne und Mond zu den Einflussfaktoren.

Kalender-Verwirrung

Der weitaus größte Teil der Wetterregeln wird an einem konkreten Datum festgemacht. Der schon zitierte Siebenschläfertag (27. Juni) soll Rückschlüsse auf den kommenden Sommer zulassen, nach Johanni (24. Juni) sollen Spargel und Rhabarber nicht mehr geerntet werden, und nach den Eisheiligen (12.–15. Mai) dürfen Bohnen gesät und Schafe geschoren werden, weil nicht mehr mit Nachtfrost zu rechnen ist. Ganz so einfach ist es aber nicht, denn viele dieser Wetterregeln gehen auf das Mittelalter zurück.

Zu Beginn unserer Zeitrechnung ging man davon aus, dass das Jahr 365 Tage hat. 46 n. Chr. ließ Julius Cäsar jedem vierten Jahr einen Tag hinzufügen. Dieser Julianische Kalender galt rund 1500 Jahre lang, bis man feststellte, dass ein Jahr tatsächlich 365,2422 Tage hat. Cäsar fehlten in seiner Rechnung also 11 Minuten, die sich im Lauf der 1500 Jahre auf zehn Tage summiert hatten. Also verfügte Papst Gregor XIII. eine erneute Kalenderreform. Dieser gregorianische Kalender gilt noch heute – aber viele Wetterregeln entstanden vor seiner Einführung.

Das bedeutet, dass wir es mit den Terminen, die in diesen Regeln genannt werden, nicht taggenau nehmen dürfen.

> **Fazit**

Viele traditionelle Wetterregeln beziehen sich auf die Großwetterlage in einem gegebenen, überschaubaren Zeitraum und ziehen daraus Schlussfolgerungen für die Entwicklung der nächsten Tage. Ihnen wird von der modernen Meteorologie eine hohe Trefferquote bescheinigt, die teilweise bei über 75 % liegt.

"Goldring heilt Gerstenkorn"

/Viele Menschen schwören auf das uralte Hausmittel, mit einem Goldring über ein Gerstenkorn zu streichen, um es zum Abheilen zu bringen. Für die Wirkung gibt es keinen wissenschaftlichen Beleg, aber unter gewissen Umständen können positive Ionenkonzentrationen mancher Metalle antibakteriell wirken.

Staphylococcus aureus

Ein Gerstenkorn sieht aus wie ein großer Pickel am Lidrand. Es ist eine bakterielle Infektion der Talgdrüsen an der Wimpernbasis, meist verursacht durch *Staphylococcus aureus*. Dieses Bakterium ist auf der Haut und in den Nasenkanälen häufig vertreten und kann Pickel, Furunkel und Gerstenkörner verursachen.

Oligodynamische Wirkung

1893 entdeckte der Schweizer Botaniker Karl Wilhelm von Nägeli die oligodynamische Wirkung mancher Metalle. Er beobachtete, dass Algen in Wasser, das mit Kupfer in Berührung stand, abstarben.

Diese antibakterielle Wirkung stellte er – in absteigender Reihenfolge der Wirksamkeit – bei Arsen, Quecksilber, Kupfer, Silber, Blei und Gold fest. Nägeli fand heraus, dass grampositive Organismen (wie *Staphylococcus aureus*) stärker betroffen sind als gramnegative. Spätere Untersuchungen ergaben, dass Silber, Kupfer und Messing eine stärkere oligodynamische Wirkung als Gold haben. Wenn dieser Mechanismus zum Abtöten der Bakterien im Gerstenkorn genutzt werden soll, ist es umso merkwürdiger, dass sich gerade Gold gegenüber den wirksameren Metallen durchgesetzt hat.

Sauberes Silber

Die antibakterielle Wirkung von Silber ist seit Jahrhunderten bekannt. Verbindungen wie Silbersulfadiazin werden zur Behandlung von Bakterien in äußerlichen Verletzungen verwendet, und die NASA setzte ein Kupfer-Silber-Ionisierungsverfahren zur Herstellung von Trinkwasser für das Apollo-Raumfahrtprogramm ein. Selbst Pioniere im Wilden Westen wussten, dass eine Kupfermünze in der Trinkflasche das Wasser länger frisch hielt. Besteck und Türgriffe aus Silber desinfizieren sich aufgrund der oligodynamischen Wirkung selbsttätig. Samsung hat sogar eine patentierte Silber-Nanobeschichtung mit antibakterieller Wirkung entwickelt, die in Waschmaschinen, Kühlgeräten und Staubsaugern zum Einsatz kommt.

Es besteht jedoch ein Unterschied zwischen der Hautberührung mit einem Goldring, dem Einlegen von Metall in Wasser oder einer Nanobeschichtung. Die Feuchtigkeit der Haut kann einen geringfügigen Ionenaustausch begünstigen, aber es ist kaum vorstellbar, dass eine so kurze Berührung eine nennenswerte oligodynamische Wirkung haben kann.

Behandlung

Wenn sich ein Gerstenkorn entwickelt, sollte man keinesfalls drücken oder reiben, denn dadurch könnten die Bakterien über das ganze Lid verteilt werden. In hartnäckigen Fällen kann die Staphylokokken-Infektion mit Antibiotika wie Chloramphenicol oder Amoxicillin behandelt werden. Normalerweise genügt es, viermal täglich für zehn Minuten eine feucht-heiße Kompresse (sauberer Waschlappen) aufzulegen, um das Abfließen des Sekrets zu fördern und die Symptome zu lindern. Dann können Sie behutsam mit einem Gold- oder Silberring darüberstreichen. Wenn es nicht hilft, kann es jedenfalls nicht schaden.

>Fazit

Es ist nicht erwiesen, dass ein Goldring durch die oligodynamische Wirkung ein Gerstenkorn heilen kann. Dafür wären Silber oder Kupfer wirkungsvoller. Dennoch ist der Ratschlag vielleicht mehr als ein Ammenmärchen.

„Der Mensch wächst im Schlaf"

/Das Wachstum von Kindern vollzieht sich nur im Schlaf. Aber auch Erwachsene sind morgens etwa 2,5 cm größer als am Abend.

Vordere Hypophyse

Diese erbsengroße Drüse befindet sich unterhalb des Gehirns, hinter den Augen und vor den Ohren. Sie produziert Hormone, die Wachstum, Zellteilung, Heilungs- und Regenerationsprozesse steuern. Die Ausschüttung findet tagsüber in 3–5-stündigen Intervallen statt, aber die Spitze liegt etwa eine Stunde nach dem Einschlafen. 50 % der Wachstumshormone werden während des Tiefschlafs ausgeschüttet, der etwa 45 Minuten nach dem Einschlafen beginnt. Menschen, die regelmäßig zu wenig schlafen, haben einen niedrigen Spiegel dieser Hormone.

Schlaf und Zellreparatur

Guter Schlaf ist in jedem Lebensalter wichtig. Das Längenwachstum endet zwar um das 20. Lebensjahr herum, aber auch Erwachsene benötigen noch etwa 60 % der Hormone, die Kinder zum Wachsen brauchen, für die Reparatur und Neubildung von Zellen. Trotzdem lässt die Produktion von Wachstumshormonen mit dem Alter nach, weil die Tiefschlafphasen bei älteren Menschen kürzer und seltener werden.

Erwachsene wachsen jede Nacht

Die Wirbelsäule besteht aus 33 separaten Knochen (den Wirbeln), die mit Bändern und Sehnen verbunden sind. Sie sorgen dafür, dass die Wirbelsäule tragkräftig und in gewissem Rahmen beweglich ist. Zwischen den Wirbeln liegen die Bandscheiben. Sie dienen als Stoßdämpfer und bestehen aus Knorpel – wie Ohrmuscheln, Nasenspitze und Teile vieler Gelenke.

Knorpel besteht aus speziellen Zellen, die sehr viel Kollagen produzieren. Im Lauf des Tags halten sich Menschen überwiegend aufrecht, und die Bandscheiben werden infolge der Schwerkraft allmählich zusammengedrückt. Die Dicke der Bandscheiben, die in der Summe etwa ein Viertel der Länge der Wirbelsäule ausmachen, nimmt ab, wenn dem Knorpel Nährstoffe entzogen werden – der Mensch schrumpft. Nachts nehmen die Bandscheiben Nährstoffe auf und werden praller. Auch wegen der veränderten Wirkung der Schwerkraft im Liegen können sie sich ausdehnen, und der Mensch ist beim Aufwachen größer. Aus demselben Grund sind Astronauten, die eine Zeit lang nicht der Schwerkraft ausgesetzt waren, unmittelbar nach der Rückkehr zur Erde 5–7 cm größer.

> **Fazit**

Echtes Wachstum findet nur bei Kindern und Jugendlichen im Schlaf statt. Guter Schlaf ist aber für jedermann wichtig, weil Wachstumshormone für die Zellreparatur hauptsächlich im Schlaf ausgeschüttet werden.

" Es bringt Unglück, auf der Bühne zu pfeifen „

/Wer vor 50 Jahren auf der Bühne pfiff, musste damit rechnen, dass ihm eine Kulisse auf den Kopf fiel. Heute werden Kulissen meist per Computer gesteuert, oder die Bühnenarbeiter hören ihre Signale über Kopfhörer. Dennoch sollte niemand während einer Vorstellung oder Probe hinter der Bühne pfeifen, weil das Geräusch die Akteure ablenken oder im Publikum zu hören sein kann.

Maritime Tradition

Früher wurden auf dem Schnür-boden oft Seeleute eingesetzt, weil ihnen der Umgang mit Kno-ten und Tauwerk vertraut war. Wie auf Windjammern wurden auch im Theater die Signale zur Bewegung schwerer Kulissen durch verschiedene Pfiffe gege-ben. Wer also zur falschen Zeit pfiff, konnte eine Katastrophe herauf-beschwören.

Pfeifen auf See

Traditionell haben Seeleute ein gespaltenes Verhältnis zum Pfeifen. Einerseits ging der Aberglaube um, durch Pfeifen an Bord könne man einen Sturm heraufbeschwören. Andererseits dienten Pfiffe als Sig-nale – so gab der Bootsmann mit seiner Pfeife den Rhythmus beim Deckschrubben vor. Ansonsten war das Pfeifen verboten, um Verwirrung zu vermeiden. Nur wenn das Schiff in einer Flaute lag, durfte ein Schiffsjunge an Deck eine Melodie pfeifen, um den Wind zu locken. Einem Jungen traute man nicht genug Macht zu, um ein Unglück heraufzubeschwören.

Es gibt einen zweiten Grund für das Pfeif-Verbot in großen, öffentlichen Räumen, nicht nur im Theater: Wenn aus einer erloschenen Gaslampe Gas austrat, gab es ein pfeifendes Geräusch. Dies war ein wichtiges Warnsignal (Brandgefahr). Andere Pfiffe konnten ablenken, es übertönen oder als falscher Alarm verstanden werden.

Dieses schottische Stück

Ein anderer bekannter Theater-Aberglaube besagt, dass man Shakespeares Stück »Macbeth« und dessen Hauptrolle nicht beim Namen nennt – sonst könnte man womöglich die drei Hexen herbeirufen. Wer solche Regeln bricht, muss den Raum verlassen, fluchen, sich dreimal um sich selbst drehen und klopfen, um wieder eingelassen zu werden.

>Fazit

Der Aberglaube, Pfeifen im Theater bringe Unglück, ist unter älteren Schauspielern noch bekannt. Der Grund für die Verhaltensregel existiert jedoch heute nicht mehr.

„Scharfes Essen verursacht Magen-geschwüre "

/ Jahrelang waren Ärzte überzeugt, dass Magengeschwüre durch Stress, scharf gewürztes Essen, Rauchen, Alkohol und ungesunde Essgewohnheiten verursacht würden. In den 1980er-Jahren fanden Forscher heraus, dass scharfe Gewürze vorhandene Geschwüre zwar reizen, aber keine neuen hervorbringen können.

Durch Schäden an der inneren Schleimhaut in Magen und Zwölffingerdarm kann es zu Geschwüren kommen. Sie sind außerordentlich schmerzhaft und bringen Symptome wie Erbrechen und Gewichtsverlust mit sich. Bei blutenden Geschwüren ist Blut im Stuhl oder im Erbrochenen nachzuweisen. In schweren Fällen kann es zu einem Durchbruch kommen, der einen schnellen chirurgischen Eingriff erfordert.

Dreifach-Therapie

»Scharfe Speisen verursachen keine Geschwüre, ganz gleich, wie viel man isst«, erklärt der australische Gastroenterologe Professor Thomas Borody, der sich mit der Behandlung von Magen-Darm-Erkrankungen einen Namen gemacht hat. In Fachkreisen wurde er durch seine Triple-Therapie bei Infektionen mit dem Bakterium *Helicobacter pylori* berühmt (Bismuth, Metronidazol und Tetracyclin). Er hat eng mit Dr. Barry Marshall und Dr. Robin Warren zusammengearbeitet, die *H. pylori* als wahren Verursacher von Magengeschwüren nachwiesen und dafür den Nobelpreis erhielten. Eine zweite, weniger bekannte Ursache ist die häufige Anwendung von nichtsteroidalen Schmerzmitteln wie Aspirin oder Ibuprofen, allerdings wurde bei etwa der Hälfte der Patienten dieser Gruppe auch eine Infektion mit *H. pylori* festgestellt.

Marshall und Warren entdeckten das Bakterium 1982 und wiesen den Zusammenhang mit der Entstehung von Magen- und Zwölffingerdarmgeschwüren nach. Damals wurde allgemein bezweifelt, dass ein Bakterium Geschwüre hervorrufen konnte, darum schluckte Dr. Barry Marshall die Erreger und bewies die Theorie in dem Selbstversuch. Die Übertragung erfolgt meist durch verunreinigte Nahrung, kontaminiertes Wasser oder Mund-zu-Mund-Kontakt.

Beschwerdefreie Träger

Obwohl etwa 60 % aller Menschen Träger des Erregers sind, erkranken nur wenige. Geschwüre lassen sich durch Einnahme einer Tablette diagnostizieren. Ist ein Geschwür vorhanden, reagiert es mit der Tablette und kann 20 Minuten später durch einen Atemtest nachgewiesen werden.

Chili zur Vorbeugung

Manche Studien legen nahe, dass scharfe Speisen mit Chili (Wirkstoff Capsaicin) Geschwüren sogar vorbeugen können, weil sie das chemische Milieu im Magen verändern und *H. pylori* abtöten. Ebenso können scharfe Gewürze Magenschmerzen und Verdauungsstörungen lindern. Die Naturheilkundlerin Ruth Kendon, Leiterin der Abteilung Produktforschung und Entwicklung bei der National Herbalists Association of Australia, erklärt: »Der Magen brennt, schützt sich selbst, Blut tritt aus, und die Magenwand repariert sich selbst sehr schnell. Darum kann Chili bei Magenschmerzen und Verdauungsstörungen eingesetzt werden.«

>Fazit

Scharfe Speisen verursachen keine Geschwüre, sondern können sogar vorbeugen. Schmerzen durch vorhandene Geschwüre können sie jedoch verstärken.

„Hühnersuppe hilft gegen Erkältung"

/Was Generationen von Großmüttern wussten, ist nun endlich wissenschaftlich erwiesen: Hühnersuppe lindert Erkältungsbeschwerden.

Nasopharyngitis

Die gemeine Erkältung (alias Nasopharyngitis, Rhinopharyngitis, akute Coryza) ist die häufigste Infektionskrankheit des Menschen – und zwar seit Jahrtausenden. Erwachsene müssen mit zwei bis drei Erkältungen pro Jahr rechnen. Kinder, deren Immunsystem noch nicht so vielen Erregern ausgesetzt war, können sechs- bis zwölfmal erkranken. Die Symptome – Halsschmerzen, Husten, Schnupfen und Fieber – dauern meist etwa eine Woche an. Ein Heilmittel gibt es nicht, wohl aber Mittel, um die Beschwerden zu lindern. Eins der besten ist Hühnersuppe.

Gelehrter und Neutrophile

Der jüdische Arzt und Philosoph Maimonides empfahl Hühnersuppe schon im 12. Jahrhundert. Die meistzitierte moderne Studie wurde jedoch von Ärzten des Medical Center an der Universität von Nebraska unter Leitung des Lungenspezialisten Dr. Stephen Rennard durchgeführt und im Jahr 2000 in der Fachzeitschrift *Chest* veröffentlicht. Getestet wurden eine selbst gekochte Suppe und 13 Fertigprodukte. Fast alle reduzierten die Schleimproduktion, indem sie die Bewegung bestimmter weißer Blutzellen (neutrophile Granulozyten) hemmten.

Rezept der litauischen Großmutter

Rennards Rezept für die selbst gekochte Suppe stammte von der
litauischen Großmutter seiner Frau.
Zutaten waren (neben dem Huhn)
Zwiebeln, Kartoffeln, Pastinaken,
Rüben, Möhren, Sellerie, Petersilie
und Matzeknödel. Er testete die
gesamte Suppe und auch ihre
Einzelzutaten. Alle erwiesen sich als
hilfreich, sogar die reine Hühner-
brühe ohne weitere Zutaten. Von
den Fertigprodukten »war etwa ein
Drittel wirksamer als Omas Suppe,
und eine oder zwei besaßen kaum
eine Wirkung.«

Zilien und Zystein

Hühnersuppe bekämpft Erkältung
auf verschiedene Weise. Sie verbessert die Funktion der Flimmer-
härchen in der Nase (Zilien), die
Krankheitserreger abfangen, ehe
sie in den Organismus eindringen.
Wenn neutrophile Granulozyten sich
in Nase, Hals und Lunge vermehren,
um die Infektion (Halsschmerzen,
festsitzende Verschleimungen)
zu bekämpfen, produziert der
Körper mehr Schleim. Hühnersuppe
verflüssigt ihn, erleichtert dadurch
die Atmung und beschleunigt die
Bekämpfung des Virus im Körper.
Ihre Wirkung ist besser als die von
heißem Wasser, weil sie den aktiven
Inhaltsstoff Zystein enthält.

Zystein ist eine Aminosäure mit der
chemischen Formel $HO_2CCH(NH_2)$
CH_2SH. Einen ähnlichen Aufbau hat
der Wirkstoff Acetylcystein (ACC),
der als Schleimlöser bei Bronchitis
eingesetzt wird. Interessanterweise
ist Zystein einer der rund 600 Stoffe,
die laut einem 1994 veröffentlichten
Bericht der Tabakindustrie Zigaret-
ten zugesetzt werden – vermutlich
um der erhöhten Schleimproduktion infolge des Rauchens
entgegenzuwirken.

>Fazit

**Hühnersuppe be-
kämpft die Erkältungs-
symptome. Fertig-
produkte können
ebenso wirksam sein
wie selbst gekochte
Suppe, schmecken
aber nicht so gut.**

"45 % der Körperwärme gehen über den Kopf verloren „

/ Wenn Oma wieder einmal rät, eine Mütze aufzusetzen, weil sonst fast die Hälfte der Körperwärme verloren geht, können Sie ihre Sorgen zerstreuen. Die Wissenschaft hat die Aussage für Unsinn erklärt. Der menschliche Kopf macht etwa 10 % der Körperoberfläche aus, folglich liegt auch der Wärmeverlust in dieser Größenordnung. Anderenfalls würde man sich ohne Mütze an kalten Tagen so unbehaglich fühlen, als hätte man die Hosen vergessen.

Ursprung des Ammenmärchens

Ein Grund für die Entstehung dieses Ratschlags ist vielleicht, dass der Kopf eines Kleinkinds in Relation zum Körper viel größer ist als der eines Erwachsenen. Vielleicht liegt es auch daran, dass Gesicht, Kopf und Brust empfindlicher auf Temperaturschwankungen reagieren, sodass man lieber doch Schal und Mütze trägt. Der Hauptgrund für den Irrtum war aber ein Fehler bei einem Experiment der US-Armee in den 1950er-Jahren. Die Probanden, bekleidet mit Überlebensanzügen für die Arktis, wurden Minusgraden ausgesetzt. Da ihre Köpfe jedoch unbedeckt waren, fand dort der größte Hitzeverlust statt. Diese Information wurde in Survival-Handbücher der Armee aufgenommen.

Auskühlung des Körperinneren

Spätere Experimente konnten die Aussage nicht bestätigen. Im März 2006 erschien im *Journal of Applied Physiology* ein Artikel über »Thermische Effekte auf nicht zitternde Menschen bei Eintauchen des ganzen Kopfs in kaltes Wasser«. Die Studie betrachtete die Auswirkungen auf den Wärmeverlust über die Oberfläche und das Auskühlen des Körperinneren in Fällen, in denen das Zittern zur Wärmeerzeugung mit pharmazeutischen Mitteln ausgeschaltet war.

Acht Männer wurden bei unterschiedlichen Detailbedingungen in 17 °C kaltem Wasser getestet: Körper isoliert oder nicht isoliert, Kopf untergetaucht oder über Wasser. Das Untertauchen des Kopfes erhöhte den

»Stets den Kopf bedecken. Über den ungeschützten Kopf können 40 bis 45 Prozent Wärme verloren gehen, mehr noch, wenn Hals, Hand- und Fußgelenke ungeschützt sind. Diese Körperbereiche besitzen eine gute Wärmeleitfähigkeit und nur eine geringe isolierende Fettschicht.

Das Gehirn ist sehr kälteempfindlich und verträgt Abkühlung von allen Körperbereichen am schlechtesten. Wegen der starken Durchblutung des Kopfes, vornehmlich an der Oberfläche, droht bei unbedecktem Kopf rascher Wärmeverlust.«

FM 21-76 US ARMY SURVIVAL MANUAL
Seite 148, Grundregeln des Überlebens bei Kälte

Wärmeverlust um nur 10 %, die Auskühlung jedoch um 42 %. Die Forscher vermuteten, dass dies durch die Umverteilung der Blutversorgung als Reaktion auf die Stimulation kälteempfindlicher und trigeminaler Sensoren in Kopfhaut, Hals und Gesicht zu erklären sei. Bei Eintauchen des Kopfes sank die Körpertemperatur schneller, weil sich die Blutgefäße in der Kopfhaut im Gegensatz zu anderen oberflächlichen Gefäßen nicht verengen. Der Wärmeverlust durch den Kopf stand jedoch in Relation zu seiner Oberfläche.

Wärmeverlust und Anstrengung

Bei körperlicher Anstrengung steigt der Wärmeverlust durch den Kopf kurzzeitig an, sinkt dann aber wieder auf 10 %. Das Herz pumpt schneller, es strömt mehr Blut zum Gehirn, und es wird mehr Wärme abgegeben. Dauert die Anstrengung an, fordern die Muskeln mehr Sauerstoff, die Gefäße der Haut weiten sich und verstärken die Blutzufuhr zur Haut, um das Blut zu kühlen und die Körpertemperatur stabil zu halten. Folglich pendelt sich der Wärmeverlust durch den Kopf wieder bei 10 % ein.

>Fazit

Etwa 10 % der Körperwärme gehen über den Kopf verloren.

"Bei Vollmond steigt das Risiko für epileptische Anfälle"

/Seit Urzeiten wird der Vollmond mit Werwölfen, Geistesstörungen und einem Anstieg von Verbrechen, Unfällen, Krankenhaus-Einlieferungen und Suiziden in Zusammenhang gebracht. Das englische Wort *lunatic* (abwertend für gefährlich geisteskrank) leitet sich von Luna ab, dem Namen der griechischen Mondgöttin.

Gezeiten im Gehirn

Philosophen wie Aristoteles und Plinius glaubten, dass der Vollmond das Verhalten beeinflusst, weil der Mond die Gezeiten steuert und das Gehirn hauptsächlich aus Wasser besteht. Plinius hielt allerdings auch Gladiatorenblut für ein geeignetes Heilmittel gegen Epilepsie. Was die Thesen zum Mond betrifft, konnte nur eine kleine Studie einen Zusammenhang zwischen Mondphasen und epileptischen Anfällen feststellen.

Misteln und Dämonen

Obwohl Hippokrates schon 400 Jahre zuvor erkannt hatte, dass Epilepsie eine vererbliche Erkrankung des Gehirns war, behandelte man die Krankheit im Mittelalter meist mit Magie und Gebeten. Betroffenen Kindern hängte man Mistelzweige um den Hals, um sie vor Anfällen zu schützen. Im 16. Jahrhundert ging man davon aus, Epileptiker seien von Dämonen besessene Hexen und Hexer, und selbst im 17. Jahrhundert wurden bei Vollmond noch Misteln aufgehängt, um Anfälle abzuwehren.

Unwillkürlich und unvorhersehbar

Die unvorhersehbaren Anfälle sind ein willentlich nicht steuerbarer Aspekt der Krankheit. Ursache sind Schäden oder Missbildungen im Gehirn infolge von Verletzungen, Tumoren oder Traumata. Etwa 2 % der Bevölkerung leiden an Epilepsie, die sich meist durch Medikamente kontrollieren lässt.

Griechische Anomalie

2006 erschien in der Zeitschrift *Neurology* ein Artikel von P. Polychronopoulus vom neurologischen Institut der Universität von Patras (Griechenland). Sein Team hatte vier Jahre lang die Eingangsberichte der Notaufnahme ausgewertet. »Insgesamt 859 Patienten, die wegen epileptischer Anfälle eingeliefert wurden, haben wir den Mondphasen zugeordnet. Um den Vollmond war eine auffällige Häufung festzustellen. Das stützt die alte Annahme, dass Anfälle häufiger bei Vollmond vorkommen.«

Schlafstörungen

Die Autoren des Aufsatzes lieferten keine Gründe für das Ergebnis. 1999 war in einem Artikel im *Journal of Affective Disorders* die Annahme formuliert, dass die Mondphasen Einfluss auf Menschen mit einer bipolaren Störung hätten, weil die zunehmende Helligkeit zum Vollmond hin den Schlaf störe. Manche Formen der Epilepsie werden durch Schlafmangel beeinflusst (Patienten mit juveniler myklonischer Epilepsie können in den ersten Stunden nach dem Erwachen Beschwerden haben). Dieser Theorie liegt aber die Annahme zugrunde, dass die Betroffenen keine Gegenmaßnahmen ergreifen konnten.

Chaostheorie

Nur diese eine Studie aus Griechenland scheint die Verbindung zwischen Mondphasen und Anfällen zu bestätigen, aber selbst Steven Strogatz, Professor für angewandte Mathematik an der Cornell University und einer der führenden Forscher über Chaos, Komplexität und Synchronisation, rät zur Vorsicht, da den Mondphasen allerlei gespenstische Wirkungen zugeschrieben wurden. Aber wenn man umfangreichere Daten statistisch auswertet, löst sich der Bezug zur

Mondphase in nichts auf. Dennoch sind viele vernünftige Menschen – auch Polizisten, Notärzte und Rettungssanitäter – anderer Meinung.

Die Zukunft der Weissagung

Heute setzt man auf die Erklärungsmuster der Chaostheorie, um Anfälle vorherzusehen und zu behandeln – ausdrücklich ohne Zutun des Mondes. Gehirnforscher haben an der University of Florida und im Malcom Randall Veterans Affairs Medical Center in Gainesville eine Technik entwickelt, um mithilfe ausgeklügelter mathematischer Formeln viele Stunden komplexer Hinströme auszuwerten und bedeutungsvolle Muster zu erkennen, die vorher beliebig erschienen.

>**Fazit**

Trotz der Ergebnisse einer Studie aus Griechenland besteht wahrscheinlich kein Zusammenhang zwischen Mondphasen und Anfällen. Die Erklärungsmuster, die durch die Chaostheorie gegeben sind, bieten einen vielversprechenden Weg, präventive Behandlungen zu entwickeln, und sind eine Alternative zum mittelalterlichen Aberglauben.

„Zucker macht Kinder hyperaktiv"

/Viele Studien belegen nicht nur, dass kein Zusammenhang zwischen Zucker und Aktivität besteht, sie zeigen sogar mehr. Eltern, die glauben, dass ihr Kind zu viel Zucker gegessen hat, neigen dazu, an ihnen vermeintliche Verhaltensveränderungen zu erkennen. Infolgedessen behandeln sie ihr Kind anders. Es gibt keinerlei fundierte Studien, die Auswirkungen irgendeines Lebensmittels auf das Verhalten nachweisen.

Feingold-Ausschlussdiät

Von den 1970er-Jahren an galt der Zusammenhang zwischen Nahrung und Verhalten als feste Größe. Damals publizierte der Allergologe Dr. Benjamin Feingold seine Ausschlussdiät zur Behandlung von Hyperaktivität, die mehr als 300 Farb- und Zusatzstoffe verbot. Zucker ging quasi als Beifang ins Netz, weil Süßigkeiten, Erfrischungsgetränke und andere Produkte, die viele Zusatzstoffe enthalten, auch reich an Zucker sind.

Kleine Partylöwen

Wenn Kinder bei Familienfesten, Partys und anderen Gelegenheiten, bei denen es viel Süßes gibt, aus dem Ruder laufen, suchen Eltern die Gründe oft eher bei den drei Schälchen Eis als bei sozialen Verhaltensweisen. 1995 wurde jedoch im *Journal of the American Medical Association* ein Überblick über 23 Studien der vergangenen zwölf Jahre veröffentlicht. Die meisten teilten die Kinder in zwei Gruppen ein, von denen eine Gruppe Zucker bekam, die andere ein Placebo. Keine Studie konnte einen Zusammenhang zwischen Zucker und Verhalten nachweisen.

Zuckerempfindlichkeit oder starre Erwartungshaltung?

Die Ergebnisse einer Studie von Daniel Hoover und Richard Milich wurden 1994 im *Journal of Abnormal Child Psychology* in dem Aufsatz »Auswirkungen der Zuckeraufnahme-Erwartung auf die Mutter-Kind-Interaktion« veröffentlicht. 35 Kinder zwischen fünf und sieben Jahren, die ihren Müttern zufolge »zuckerempfindlich« waren, wurden wahllos in zwei Gruppen aufgeteilt. Den Müttern einer Gruppe sagte man, die Kinder hätten eine große Portion Zucker erhalten. Den Müttern der anderen Gruppe teilte man mit, die Kinder hätten ein Placebo erhalten. Tatsächlich erhielten beide Gruppen lediglich Placebos.

Die Mütter der ersten Gruppe berichteten von verstärkter Hyperaktivität. Videoaufnahmen zeigen, dass die Mütter durch körperliche Nähe mehr Kontrolle ausübten, häufiger kritisierten, die Kinder häufiger anschauten und mehr mit ihnen sprachen als die Mütter der Kontrollgruppe. Mütter, die von der Zuckerempfindlichkeit ihres Kindes besonders überzeugt waren, zeigten eine auffällige kognitive Starrheit (Unfähigkeit, sich auf mehr als einen Reiz im Augenblick zu konzentrieren).

>Fazit

Zucker beeinflusst das Verhalten nicht. Er beeinflusst aber den Umgang von Eltern, die diesem Irrglauben aufsitzen, mit ihren Kindern.

" Ginkgo ist gut für das Gedächtnis "

/Für Johann Wolfgang von Goethe stellte das Blatt des Baumes *Ginkgo biloba* ein Sinnbild für die Freundschaft dar. Der Baum inspirierte ihn 1815 zu einem Gedicht an seine Freundin Marianne von Willemer. Insbesondere die Herzform des Blattes eignet sich für eine sinnbildliche Interpretation: »Sind es zwei, die sich erlesen, dass man sie als eines kennt?«

Historisches und Botanisches

Ginkgo biloba ist vermutlich der älteste Baum der Erdgeschichte. Früheste Nachweise stammen aus dem Mesozoikum, das vor 250 Millionen Jahren begann. Seine größte Verbreitung fand der Ginkgo im Zeitalter der Dinosaurier, wo er auf allen Kontinenten zu finden war. Die Eiszeit überlebte er nur in China, sodass ihm eine asiatische Herkunft nachgesagt wird. Hierher stammt sein Name gin-kyo »Silberaprikose«, der durch einen Transkriptionsfehler des Botanikers Engelbert Kaempfer zu »ginkgo« wurde, weil er »y« mit »g« vertauschte.

Bereits seit dem 2. Jahrhundert n. Chr. ist der Ginkgo in China als Heilpflanze für die verschiedensten Leiden bekannt, allerdings war es damit nicht getan. Er erlangte zudem Bedeutung als Glücksbringer, Sinnbild für langes Leben und aufgrund seiner Zweihäusigkeit (männliche und weibliche Pflanzen) den Status des Tempelbaums. Um im Besitz ihrer geistigen Kräfte zu bleiben, kauten buddhistische Mönche die Blätter des Baumes. Die Samen werden heute noch in Japan und China als beliebter und edler Snack verzehrt.

Ginkgo und Wissenschaft

In einer 2013 veröffentlichten Studie unter 1672 Senioren im Alter von 60 bis 94 Jahren, die an deutschen Universitäten Vorlesungen besuchten, zeigt sich die Wirksamkeit von *Ginkgo biloba* zum heutigen Stand. Zwei Drittel der Befragten gaben an, dass durch die Einnahme von Ginkgo ihre geistige Leistungsfähigkeit gesteigert wurde.

Die im Ginkgo wirksamen Inhaltsstoffe sind Flavonoide und Trilactone, die im sogenannten Ginkgo-Extrakt gebündelt werden. In wissenschaftlichen Versuchen konnte nachgewiesen werden, dass diese Stoffe im Gehirn und somit auch im zentralen Nervensystem wirken. Sie fördern den Energiestoffwechsel in den Zellen, weil sie die Fließeigenschaften des Blutes verbessern, und können dadurch die Nervenzellen vor Schäden schützen. Des Weiteren sind im Ginkgo-Extrakt Substanzen enthalten, die freie Radikale, also schädigende Zellstoffe, abfangen und somit Nervenzellen vor dem Zelltod schützen.

Ginkgo und Demenz

In einer Langzeituntersuchung wurde geprüft, ob die tägliche Einnahme von zweimal 120 mg *Ginkgo-biloba*-Extrakt der Erkrankung an Alzheimer-Demenz vorbeugt. Es wurden 2854 Patienten im Alter von über 70 Jahren mit bestehenden subjektiven Gedächtnisstörungen über fünf Jahre beobachtet. Parallel dazu nahm eine Kontrollgruppe ein Placebo ein. Das Ergebnis der Studie zeigt, dass 61 Patienten der Ginkgo-Gruppe und 73 Patienten der Placebo-Gruppe in dieser Zeit an Alzheimer erkrankten. Dieser Unterschied ist statistisch nicht signifikant. Dementsprechend muss man davon ausgehen, dass die Einnahme von *Ginkgo-biloba*-Extrakt nicht vor einer altersbedingten Gedächtnisstörung schützt.

> **Fazit**

Ginkgo-Extrakt besitzt verschiedene positive Wirkungen, unter anderem stärkt er das Gedächtnis und das Wort-Erinnerungsvermögen, allerdings hilft er nicht, Demenzerkrankungen vorzubeugen.

"Brotrinde ist gesund „

/Brotrinde fördert nicht das Wachstum der Brustbehaarung, wie manche meinen, aber neue Studien legen nahe, dass sie vor Darmkrebs schützen kann – der dritthäufigsten Krebsart im Westen. Möglicherweise ist die Rinde sogar gesünder als das restliche Brot.

Maillard-Reaktion

Ältere Studien hoben vor allem auf den Ballaststoffgehalt ab, der in Kruste und Krume ähnlich ist. 2002 entdeckten deutsche Forscher, dass die Rinde durch eine chemische Reaktion knusprig und braun wird – die Maillard-Reaktion (benannt nach dem Chemiker Louis-Camille Maillard, der sie 1912 erstmals beschrieb). Durch sie entstehen aus den Teigzutaten wertvolle Antioxidantien.

Einer dieser Stoffe ist der krebshemmende Stoff Pronyl-Lysin, von dem die Rinde achtmal so viel enthält wie die Krume. Diese Verbindung ist in den rohen Zutaten nicht enthalten. Sie entsteht, wenn während des Backvorgangs die proteingebundene Aminosäure L-Lysin mit Stärke reagiert und Zuckerstoffe reduziert werden. Die Maillard-Reaktion tritt in Broten mit und ohne Hefe auf, jedoch nur an der Oberfläche, wo die Temperatur am höchsten ist. Wegen des Wassers im Teig erreicht das Innere des Brotes beim Backen nur eine Temperatur von etwa 100 °C, an der Oberfläche kann sie jedoch 250 °C und mehr betragen.

Die Bedeutung von Pronyl-Lysin

In Laboruntersuchungen an menschlichen Darmzellen am Institut für Humanernährung und Lebensmittelkunde der Universität Kiel wurde festgestellt, dass Pronyl-Lysin den Spiegel von Phase-II-Enzymen anhebt. Dass diese Krebs vorbeugen, wurde bereits in früheren Studien belegt.

In einer jüngeren Studie an der Annamalai-Universität in Indien wurde die Wirkung von Pronyl-Lysin auf Ratten untersucht. Bei Tieren, die täglich eine Portion Brotrinde erhalten hatten, wurde eine 72 %ige Reduktion aberranter kryptischer Foci (ACF, Vorläufer von Kolon-Karzinom) festgestellt. Die Forscher erklärten: »Unsere Ergebnisse weisen nach, dass die regelmäßige Aufnahme von Pronyl-Lysin die Anzahl der ACFs nennenswert verringert.« Um die Idealmenge für Menschen festzustellen, sind weitere Studien nötig, wahrscheinlich ist aber der tägliche Verzehr notwendig.

Kaffee und Toast

Wird Brot also durch Toasten gesünder? Ja, weil die Hitze im Toaster ausreicht, um die Maillard-Reaktion auszulösen. Dieselbe Reaktion bewirkt, dass beim Rösten von Kaffeebohnen Antioxidantien aus den Proteinen freigesetzt werden und sich das typische Aroma entwickelt. Vorsicht aber vor verbranntem Toast: Studien legen nahe, dass er das Krebsrisiko vergrößert.

>Fazit

Es ist gut, täglich Brotrinde zu essen. Brot ist getoastet gesünder, sofern es nicht verbrannt ist.

„Daumenlutschen schadet den Zähnen „

/Bei Babys und kleinen Kindern ist das Daumenlutschen ein natürlicher Impuls, der schon vor der Geburt auftritt. Wenn im Alter ab etwa sechs Jahren die bleibenden Zähne wachsen, sollte die Gewohnheit eingestellt werden, sonst besteht Gefahr, Zähne und Gaumen zu schädigen.

Schiefe Zähne

Etwa 80 % der Kleinkinder lutschen am Daumen. Es wirkt tröstlich und kann bei Stress oder Müdigkeit das Einschlafen erleichtern. Durch anhaltendes Daumenlutschen können die Vorderzähne aber nach vorn gedrückt werden, sodass es zu Fehlstellungen kommt. Bei einer zu starken Verschiebung besteht sogar das Risiko, den Gaumen zu schädigen. Eine typische Folge anhaltenden Daumenlutschens sind schiefe Schneidezähne, oft mit einer Lücke.

Sanftes Nuckeln ist weniger schädlich

Die Intensität des Daumenlutschens hat Einfluss auf die möglichen Schäden. Manche Kinder schieben einfach den Daumen in den Mund, ohne intensiv an ihm zu saugen. Ein »Plopp«-Geräusch, das beim Herausziehen des Daumens aus dem Mund zu hören ist, deutet auf intensives Saugen hin. Dies kann bei Kindern ab etwa sechs Jahren zu Zahnschäden führen.

Fehlstellungen

2002 veröffentlichte das *Journal of the American Dental Association* die Ergebnisse einer Studie, die unter Leitung von Dr. John J. Warren am Institut für Zahnmedizin der Universität von Iowa durchgeführt worden war. Untersuchungen an 372 Kindern zeigten, dass Fehlstellungen vor allem bei Kindern auffielen, die über das vierte Lebensjahr hinaus am Daumen gelutscht hatten. Auch bei deutlich jüngeren Kindern wurden mögliche Probleme erkannt.

Sprachstörungen

Eine Studie unter Leitung von Clarita Barbosa für die Corporacion de Rehabilitacion Club De Leones Cruz del Sur und das Multidisciplinary International Research Training Program der University of Washington zeigte bei Kindern, die länger als drei Jahre am Daumen lutschten oder einen Schnuller benutzten, ein erhöhtes Risiko für Sprachstörungen. Untersucht wurden 128 drei- bis fünfjährige Kinder aus Patagonien (Chile), und die Ergebnisse wurden 2009 in der Zeitschrift *BMC Pediatrics* veröffentlicht: »Die Resultate legen nahe, dass dauerhaftes Saugen (außer beim Stillen) negative Auswirkungen auf die Sprachentwicklung kleiner Kinder haben kann.«

Die meisten Kinder hören von selbst auf

Trotz der Risiken empfehlen Experten, vor dem Alter von fünf Jahren keinen Druck auszuüben, um das Daumenlutschen zu unterbinden. Die meisten Kinder lassen es von selbst und tragen keine Zahnschäden davon. Nur etwa 15 % der Kinder behalten die Gewohnheit über das fünfte Lebensjahr hinaus bei. Sie sollten behutsam und mit viel positiver Verstärkung ermutigt werden, das Daumenlutschen einzustellen.

>Fazit

Daumenlutschen über das fünfte Lebensjahr hinaus kann Gebissschäden verursachen und sollte behutsam unterbunden werden.

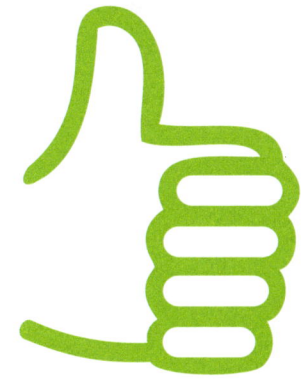

" Muscheln darf man nur in Monaten mit »r« essen "

/ Miesmuscheln gehören zu den beliebtesten Meeresfrüchten. Traditionell haben sie in den Monaten mit »r« am Ende Saison, also von September bis Februar. Immer wieder wird gewarnt, dass man sie außerhalb dieser Zeit besser nicht genießen sollte.

Kühlkette und feuchte Luft

Muscheln bestehen größtenteils aus Eiweiß, das schnell verdirbt. Darum sollten sie lebend verarbeitet werden, denn eine lebende Muschel kann nicht verdorben sein. Früher wurden Muscheln in Jutesäcken transportiert. Je länger der Transportweg, desto größer war das Risiko des Verderbens, darum wurden sie traditionell nur in den kühleren Wintermonaten serviert. Dieses Problem stellt sich nicht mehr, seit es moderne Kühl- und Transporttechniken gibt.

Neuerdings bietet der Handel Muscheln in Plastikschalen mit luftdicht verschweißten Deckeln an. Die Schalen enthalten kein Wasser, denn der in ihm enthaltene Sauerstoff wäre rasch verbraucht. Eine feuchte Vlieseinlage sorgt dafür, dass die Luft im Inneren der Plastikschale immer mit Wasserdampf gesättigt ist. Luft enthält weitaus mehr Sauerstoff als Wasser. Hat eine lebende Muschel den Sauerstoff in ihrer Schale verbraucht, öffnet sie ihre Schale und kann mit ihren Kiemen Sauerstoff atmen.

Giftiges Plankton und Viren

In den Sommermonaten vermehren sich im erwärmten Meerwasser Algen und produzieren marine Biotoxine. Da sich Muscheln von Algen ernähren, nehmen sie auch diese Giftstoffe auf. Heute werden Muscheln normalerweise in Klarwasserbecken gewässert, damit sie den Sand abgeben, den sie während des Fangs aufgenommen haben. Dabei geben sie auch einen Großteil der Biotoxine ab.

In Muscheln aus dem Mittelmeerraum können sich außerdem Viren der Hepatitis A anreichern, die, wie das Robert-Koch-Institut erklärt, über menschliche Fäkalien ins Meer gelangen. Die richtige Zubereitung der Muscheln hält das Risiko gering. Wer dennoch Befürchtungen hat, kann sich gegen Hepatitis A impfen lassen.

Sorgfalt bei der Zubereitung

Vor der Zubereitung sollte die Schale fest geschlossen sein, denn nur eine lebende Muschel besitzt die Kraft, ihre Schale zu schließen. Ist die Schale leicht geöffnet, hält man sie unter fließendes kaltes Wasser oder klopft dagegen. Lebt die Muschel, wird sie reagieren und ihre Schale schließen. Bleibt die Schale offen, wird sie aussortiert. Um Krankheitserreger unschädlich zu machen, müssen Muscheln mindestens fünf Minuten kochen und weitere fünf Minuten ziehen. Während dieser Zeit öffnen sich die Schalen. Muscheln, die nach dem Kochen noch geschlossen sind, sollten sicherheitshalber aussortiert werden: Möglicherweise waren sie schon vorher tot, und die Schale war lediglich verklemmt.

Sind all diese Kriterien erfüllt, steht dem Genuss nichts im Weg, zumal Muscheln neben wertvollen Proteinen Omega-3-Fettsäuren, Vitamin B 12, Jod und andere Stoffe enthalten.

>Fazit

Frische und sachgerecht zubereitete Muscheln können zu jeder Jahreszeit verzehrt werden. »Allerdings ist die Qualität von Muscheln im Sommer schlechter«, erklärt Dr. Birgit Brendel von der Verbraucherzentrale Sachsen.

„Wer mit nassen Haaren ins Freie geht, erkältet sich"

/Einer aktuellen Studie zufolge glauben 40 % der Mütter, dass ihre Kinder krank werden, wenn sie bei Kälte mit nassen Haaren ins Freie gehen. Tatsächlich bewirken nasse Haare infolge der Verdunstungskälte eine Abkühlung, jedoch keine Grippe oder Erkältung. Diese Krankheiten werden durch verschiedene Viren verursacht, die die oberen Atemwege infizieren.

Die gewöhnliche Erkältung

Erkältungssymptome treten ein bis drei Tage nach der Infektion mit einem von mehr als 200 Viren auf. Die ersten Anzeichen sind oft Halsschmerzen oder eine laufende Nase. Das Krankheitsgefühl wird nicht durch die Erreger ausgelöst, sondern durch die Reaktion des Immunsystems. Verantwortlich für Begleiterscheinungen wie Kopfschmerzen und verstopfte Nase sind weiße Blutkörperchen und chemische Botenstoffe, die infolge der Abwehrreaktion des Körpers auf die Viren produziert werden.

So erkältet man sich

Der typische Ansteckungsweg ist die Tröpfcheninfektion, entweder durch Einatmen von Partikeln, die eine infizierte Person beim Husten oder Niesen abgegeben hat, oder durch Berührung einer kontaminierten Oberfläche (Türgriff, Telefon, Lift-Knopf oder nachlässig gespülte Kaffeetasse), von der die Erreger in Mund oder Nase gelangen.

Hühner in Wolldecken

Der Mythos von Nässe und Erkältung entstand durch Forschungen des französischen Chemikers Louis Pasteur. 1878 setzte er Hühner dem Milzbrand-Erreger (Anthrax) aus. Trotz ihrer Immunität erkrankten und starben sie, wenn sie in einem Wasserbecken gekühlt wurden. Er wiederholte den Versuch und fand heraus, dass Hühner die Infektion überstanden, wenn sie nach dem kalten Bad in eine warme Decke gewickelt wurden.

Schützengräben

Pasteurs Versuche deuteten auf einen Zusammenhang zwischen Körpertemperatur und Infektion hin, der durch Soldaten im Ersten Weltkrieg erhärtet wurde. Ein Forscher fand heraus, dass Soldaten, die 72 Stunden bei Nässe in Schützengräben ausgeharrt hatten, viermal anfälliger für Erkältungen waren als Soldaten, die in den Baracken geblieben waren.

Feuchtigkeit

Heute ist bekannt, dass Feuchtigkeit eine wichtigere Rolle spielt als Kälte. Viele Viruserkrankungen treten saisonal auf. Im Frühling und Herbst ist die Luftfeuchtigkeit hoch, und die Menschen verbringen mehr Zeit in geschlossenen Räumen, wo die Ansteckungsgefahr höher ist.

Immunsystem

Nachdem bewiesen war, dass die Erkältung durch Viren verursacht wird, wurden die Auswirkungen von Erkältungen auf das Immunsystem umfassend erforscht. Bei Tieren, die extremer Kälte ausgesetzt waren, wurde eine Schwächung des Immunsystems festgestellt. Die Wissenschaftler sind jedoch uneinig, ob dies durch die Kälte selbst oder durch Stress und Angst ausgelöst wird. 1999 setzten kanadische Forscher eine Gruppe junger Männer zwei Stunden lang extremer Kälte aus und stellten fest, dass die Abwehrreaktionen verbessert wurden.

Erkältungen vermeiden

Regelmäßiges Händewaschen, vor allem vor dem Essen, ist die beste Vorbeugung. Es empfiehlt sich, während der Erkältungssaison größere Menschenansammlungen zu meiden. Gemeinsam benutzte Tassen sorgfältig abspülen oder – besser – eine eigene Tasse mit zur Arbeit nehmen.

>Fazit

Das Erkältungsrisiko steigt nicht, wenn man mit nassen Haaren bei Kälte ins Freie geht – nicht einmal mit tropfnasser Kleidung!

"Rasierte Haare wachsen schneller, dicker und dunkler nach "

/Ob im Gesicht, auf dem Kopf oder am Körper: Dicke, Farbe und Wuchsgeschwindigkeit von Haaren werden durch das Rasieren nicht beeinflusst. Es gibt aber Hinweise darauf, dass das Rasieren des Kopfes die Durchblutung anregt. Schon seit etwa 1928 wurde in zahlreichen Studien nachgewiesen, dass Rasieren den Haarwuchs nicht beeinflusst.

Stumpf abgeschnitten

Lange Haare können weich und dünn wirken, weil sie zur Spitze hin dünner werden. Beim Rasieren wird das Haar gerade abgeschnitten – also im dickeren Bereich des Haarschafts. Darum wirken die nachwachsenden Stoppeln dicker und härter. Wächst das Haar weiter, fühlt es sich bald wieder weicher und dünner an. Dicker wirken die Stoppeln auch, weil die kurzen Haare einen Kontrast zur helleren Haut bilden. Das Haarwachstum wird ausschließlich durch die Follikel unter der Haut gesteuert.

Weil nach dem Rasieren alle Haare in gleicher Länge nachwachsen, wirken sie dichter und dunkler. Zudem sind frisch nachgewachsene Haare noch nicht von der Sonne ausgebleicht.

Unter der Haut

Wachstum und Pigmentierung eines Haars finden im Follikel unter der Haut statt. Wenn ein Haar an der Hautoberfläche sichtbar wird, ist es bereits tot, und seine Pigmentierung und Dicke sind festgelegt. Die Verwendung von Haarwachs etwa kann die Follikel schädigen und die nachwachsenden Haare können dünner und heller sein.

Natürliche Veränderungen

Wenn junge Männer sich zu rasieren beginnen, ist der Bartwuchs meist noch schwach. Im Lauf der Pubertät nimmt er allmählich zu, außerdem werden die Haare meist dunkler. Dies kann zu der irrtümlichen Annahme führen, dass die veränderte Behaarung durch das Rasieren beeinflusst wird. Tatsächlich sind aber hormonelle Veränderungen die Ursache.

Harte Stoppeln

Ein langer Zweig oder Bambushalm fühlt sich weich und geschmeidig an. Schneidet man ihn kurz ab, wirkt er hart und starr, obwohl abgesehen vom Schnitt keine Veränderung stattgefunden hat.

Wenn Haare durch das Rasieren dicker, dunkler und schneller nachwüchsen, hätten alle Männer buschige Bärte, und kahlköpfige Männer bräuchten sich nur den Schädel zu rasieren, statt viel Geld für teure Haarpflegeprodukte und Implantate auszugeben.

>Fazit

Rasieren hat keinerlei Einfluss auf den Haarwuchs, weil das abgeschnittene Haar bereits tot ist. Nachwachsende Haare können aber rein optisch dicker, dichter und dunkler wirken.

„Knacken mit den Fingergelenken fördert Arthritis"

/ Das Wort »knacken« weckt Assoziationen an Verletzung, Bruch und Schaden. Da liegt es nahe, dass wir auch das Knacken mit den Fingerknöcheln mit Erkrankungen wie Arthritis in Zusammenhang bringen. Tatsächlich besteht dieser Zusammenhang nicht. Studien haben aber ergeben, dass häufiges Überdehnen die Sehnen und Bänder schädigen, Schwellungen verursachen und die Greifkraft verringern kann.

Anatomie eines Gelenks

Gelenke sind die beweglichen Verbindungsstellen zwischen zwei Knochen. Knorpel an den Enden der Knochen wirken wie Polster, und Bänder halten die Knochen zusammen. Die Gelenkkapsel aus zähem, faserigem Material bestimmt den Bewegungsspielraum des jeweiligen Gelenks. In der Gelenkkapsel befindet sich die Gelenkflüssigkeit, die das Gelenk schmiert und den Knorpel versorgt. Sehnen verbinden die Knochen mit den Muskeln. Wenn sich die Muskeln zusammenziehen oder ausdehnen, bewirken sie eine Beugung, Streckung oder Drehung des Gelenks.

Kavitation

In der Gelenkflüssigkeit sind verschiedene Gase gelöst: Sauerstoff, Stickstoff und Kohlendioxid. Das Knacken bewirkt eine schnelle Druckveränderung im Gelenk. Diese führt zu einer Bläschenbildung, Stickstoff oder Kohlendioxid werden plötzlich frei, und es entsteht das knackende Geräusch. Der Fachausdruck für die Bildung und Explosion von Bläschen in einer Flüssigkeit ist Kavitation.

Langzeitstudie

Verschiedene Studien haben bewiesen, dass das Knacken nicht zur Arthritis führt. In einer wurden Röntgenaufnahmen von 215 Personen zwischen 50 und 89 ausgewertet, und es konnten keine Schäden durch Knacken nachgewiesen werden. Die berühmteste Studie wurde nur mit einer Testperson durchgeführt: Dr. Donald Unger, der 2009 mit dem Ig-Nobelpreis für Medizin ausgezeichnet wurde. Er hatte 50 Jahre lang zweimal täglich die Finger seiner linken Hand zum Knacken gebracht, aber niemals die seiner rechten. Als Kind war er wiederholt von Mutter und Tanten vor dem Arthritis-Risiko gewarnt worden. So beschloss er, die Behauptung ein

halbes Jahrhundert lang zu prüfen. Sein Ergebnis ist, dass in keiner Hand Arthritis festzustellen war, nicht einmal ein erkennbarer Unterschied zwischen den Händen. Folglich ist von einem Zusammenhang zwischen dem Fingerknacken und der späteren Erkrankung an Arthritis nicht auszugehen.

John Axels, Statistiker der Rand Corporation, wies allerdings scherzhaft auf einen Fehler in Ungers Methodik hin. »Offenbar war es keine Blindstudie. Die wäre es nur, wenn der Forscher die rechte und linke Hand nicht hätte unterscheiden können. Das ist jedoch unwahrscheinlich, denn Studien zufolge können nur 31 % aller Hausärzte rechts und links nicht unterscheiden.«

>**Fazit**

Es ist nicht erwiesen, dass Fingerknacken Arthritis verursacht. Es kann aber andere Schädigungen, zum Beispiel an Bändern, begünstigen.

" Morgenübelkeit bedeutet, dass es ein Mädchen ist "

/Es gibt viele Volksweisheiten, die aus der Form des Bauchs oder dem Heißhunger auf Süßes oder Saures Schlüsse auf das Geschlecht eines ungeborenen Kindes ziehen. Studien zufolge tritt chronische morgendliche Übelkeit öfter bei Frauen auf, die ein Mädchen erwarten. Eine Studie legt nahe, dass das Baby besonders intelligent sein könnte.

Krankenhaus-Einweisungen

In einer neueren Studie der Universität Washington haben Forscher das Geschlecht der Kinder von 2100 Frauen, die mit starker Morgenübelkeit im ersten Schwangerschaftsdrittel ins Krankenhaus eingewiesen worden waren, ausgewertet und mit einer Kontrollgruppe von 9783 Frauen verglichen, die nicht an starker Übelkeit litten. Der Anteil der Mädchen lag bei den eingewiesenen Frauen höher, und bei Frauen, die drei und mehr Tage in der Klinik bleiben mussten, sogar um 80 % höher als bei der Kontrollgruppe.

Eine schwedische Studie von 1999 untersuchte 8186 Frauen, die wegen Morgenübelkeit eingewiesen wurden. Der Anteil von Jungen lag bei ihnen bei

44,3 %, der Anteil der Männer in der Gesamtbevölkerung jedoch bei 51,4 %.

Ursachen der Morgenübelkeit

Die genauen Ursachen der Morgenübelkeit sind unbekannt. Forscher vermuten, dass es am Hormonspiegel liegt, und dass Frauen, die ein Mädchen erwarten, einen höheren Spiegel des Hormons Human-Choriongonadotropin (HCG) haben. Dieser Stoff wird auch in Schwangerschaftstests für den Hausgebrauch nachgewiesen.

Gutes Zeichen

Etwa vier von fünf Schwangeren leiden an Morgenübelkeit. Für die Betroffenen ist dies unangenehm, aber generell ist es ein Zeichen, dass sich das Kind gesund entwickelt. Die Übelkeit wurde auch mit einem verminderten Risiko für Herzbeschwerden und Fehlgeburten in Zusammenhang gebracht.

Morgenübelkeit = klügere Kinder?

Einige Studien legen nahe, dass Morgenübelkeit ein Indiz für einen höheren IQ des Kindes ist. Am Hospital for Sick Children in Toronto haben Forscher den IQ der drei- bis fünfjährigen Kinder von 121 Müttern gemessen. Im Vergleich zu Müttern ohne Übelkeitsbeschwerden stellten sie bei den Kindern der Mütter mit Morgenübelkeit tendenziell einen höheren IQ fest. Auch bei Sprach- und einfachen Rechentests schnitten die Kinder meist besser ab, selbst wenn Faktoren wie IQ der Mütter und soziales Umfeld berücksichtigt wurden. Ein Problem der Studie besteht darin, dass die Mütter erst nach der Geburt über ihre Morgenübelkeit befragt wurden und sich möglicherweise nicht mehr genau erinnerten oder die Übelkeit im Nachhinein nicht mehr als so gravierend sahen.

>Fazit

Schwere Morgenübelkeit, die eine Einweisung in die Klinik erfordert, kann darauf hindeuten, dass das ungeborene Kind ein Mädchen ist.

"Wer oft die Beine übereinanderschlägt, riskiert Krampfadern"

/ Krampfadern sehen unschön aus, können jucken und zu Ekzemen oder Geschwüren führen, werden aber nicht durch das Überschlagen der Beine verursacht oder verschlimmert.

Blutkreislauf

Beim Einatmen gelangt Sauerstoff in die Lunge, wird dort ans Blut übergeben und durch die Arterien und die winzigen Kapillargefäße im ganzen Körper verteilt. Die Venen befördern das sauerstoffarme, bläulichere Blut zurück zu Herz und Lunge, wo es neuen Sauerstoff aufnehmen kann. Ventile in den Venen verhindern, dass das Blut in die falsche Richtung fließt. Wenn diese und die Wände der Venen schwach werden, staut sich Blut in den Extremitäten, vor allem den Beinen, und blauviolette, geschwollene Venen zeichnen sich ab.

Überdehntes Gummiband

Erhöhter Druck in den Venen ist nicht die einzige Ursache. Wenn sich Krampfadern bilden, werden sie durch erhöhten Druck gegen die Fließrichtung verstärkt. Früher glaubte man, das Überschlagen der Beine könne den Blutfluss behindern und den Rücktransport des sauerstoffarmen Bluts zum Herzen erschweren, aber das ist nicht der Fall. Gesunde Venen haben normalerweise elastische Wände. Erst wenn sie geschwächt werden, verlieren sie ihre Elastizität – wie ein ausgeleiertes Gummiband. Dann werden sie zu groß für ihren angestammten Platz und rollen sich zusammen.

Risikofaktoren

Mehr als ein Dutzend Studien haben die Risikofaktoren für Krampfadern untersucht, und keine nannte übergeschlagene Beine. Erbliche Veranlagung, Alter, Schwangerschaft und Übergewicht sind Risikofaktoren. Rauchen, Bluthochdruck und hohe Absätze verursachen keine Krampfadern, aber langes Stehen kann sie verschlimmern. Beim Sport werden die Muskeln um die Venen gestärkt, was der Vorbeugung dienen kann.

Verschiedene Gesundheitsprobleme stehen mit Krampfadern in Zusammenhang, aber auch sie werden nicht durch übergeschlagene Beine verursacht. Dazu gehören Hämorrhoiden (siehe S. 98), Teleangiektasien (sichtbare, erweiterte Kapillargefäße, vor allem im Gesicht), Besenreiser (geschwollene Kapillargefäße) und Varicocelen (Krampfadern im Bereich der Hoden).

Behandlung

Krampfadern werden normalerweise verödet. Dann übernehmen andere Venen ihre Aufgabe. Das Risiko von Nebenwirkungen ist gering. Krampfadern sind nicht sonderlich gefährlich. Sie können aber leichte Schwellungen der Knöchel und Füße verursachen, außerdem Juckreiz, Dermatitis, Blutgerinnsel und Geschwüre.

> **>Fazit**
>
> **Mehrere Studien belegen, dass Krampfadern nicht durch das Überschlagen der Beine verursacht werden.**

"Eier erhöhen den Cholesterin- spiegel„

/Im Zeitalter der ernährungsbedingten Krankheiten machen sich viele Menschen Sorgen um ihren Cholesterinspiegel. Immerhin erhöht das HDL-Cholesterin, wenn es in größeren Mengen im Blut vorhanden ist, das Risiko für verkalkte Arterien und damit auch für Schlaganfall und Herzinfarkt. Aus diesem Grund waren Eier und andere Lebensmittel, die Cholesterin enthalten, in Verruf geraten.

Gesundes Lebensmittel

Ein durchschnittliches Hühnerei wiegt 65 Gramm. Es enthält Proteine, die im Zuge der Verdauung in Peptide umgewandelt werden. Diese wirken senkend auf den Blutdruck und beugen insofern Herz-Kreislauf-Erkrankungen vor. Zudem enthalten Eier enthalten Phospholipide, die die Aufnahme von Cholesterin reduzieren. Eier enthalten Vitamine der B-Gruppe sowie einfach und mehrfach unge-sättigte Fettsäuren, die Nerven und Gehirn gesund erhalten. Cholin stärkt das Gedächtnis: ein Früh-stücksei verbessert nachweislich die Gehirnleistung im Lauf der folgenden Stunden. Bio-Freilandeier enthalten mehr Vitamin A, Omega-3-Fettsäuren und Vitamin E, haben aber einen geringeren Gehalt an gesättigten Fettsäuren als Eier aus Intensivproduktion. Die Farbe der Schale sagt nichts über den Nährstoffgehalt von Eiern aus.

Wichtiges Cholesterin

2013 berichtete der US-Chemikerverband von verschiedenen Studien, die keinen Anstieg des Cholesterinspiegels durch den Verzehr von Eiern nachweisen konnten. Im gleichen Jahr untersuchten chinesische Wissenschaftler die Ergebnisse von 17 Studien, die sich mit dem Zusammenhang zwischen dem Verzehr von Eiern und der Häufigkeit von Herzkrankheiten und Schlaganfällen befasst hatten. Sie kamen zu dem eindeutigen Ergebnis, dass sich bei einem gesunden Menschen das Krankheitsrisiko selbst dann nicht erhöht, wenn er mehr als ein Ei pro Tag isst.

Cholesterin ist ein lebenswichtiger fettähnlicher Stoff, der in fast allen menschlichen und tierischen Geweben vorkommt. Der Körper braucht es zur Unterstützung von Funktionen wie Aufbau stabiler Zellwände, Produktion von Gallensäften für die Verdauung, Herstellung von Vitamin D zum Knochenaufbau und zur Produktion von Geschlechtshormonen.

Schlankmacher?

Ein Forscherteam des Biomedical Research Center in Baton Rouge (Louisiana) beobachtete Gewicht und Cholesterinspiegel von 152 übergewichtigen Probanden, die in drei Gruppen aufgeteilt wurden. Eine Gruppe frühstückte nach Belieben, eine Gruppe aß zwei Eier zum Frühstück, die dritte Gruppe aß Bagels. Nach acht Wochen hatte die Gruppe der Eieresser 65 Prozent mehr Gewicht verloren als die Bagelesser, wies jedoch keinen erhöhten Cholesterinspiegel auf. Bruce Griffin von der University of Surrey (England) erklärt, dass der Körper seine eigene Cholesterinproduktion sogar drosselt, wenn viel Cholesterin mit der Nahrung aufgenommen wird. Überschüssiges Cholesterin aus der Nahrung scheidet ein gesunder Organismus aus.

> **Fazit**

Cholesterinhaltige Eier beeinflussen den Cholesterinspiegel im Blut allenfalls geringfügig. Menschen mit einem hohen Cholesterinspiegel sollten mit dem Verzehr von cholesterinreichen Speisen dennoch eher aufpassen.

"Bier auf Wein, das lass sein! Wein auf Bier, das rat' ich dir! "

/Diese Regel und auch verschiedene Varianten, in denen von Bier und Schnaps die Rede ist, sind allgemein bekannt. Alle spielen darauf an, dass die Trinkreihenfolge Einfluss auf chemische Abläufe im Körper hat – und dass diese wiederum beeinflussen, ob und in welchem Maß ein Kater droht. Die meisten Forscher sind aber der Ansicht, dass allein die Alkoholmenge für den Grad des Rauschs (und die Nachwirkungen) verantwortlich ist, nicht die Reihenfolge des Genusses. Insofern kann die Aussage nur wahr sein, wenn sie in Relation zur Alkoholmenge steht. Allein aus diesem Grund könnte in manchen Situationen Wein vor Bier den Gesamtkonsum beschränken.

Hier folgen drei Szenarien mit zwei Männern (Axel und Ralf) mit gleichem Körperbau und gleicher, genetisch bedingter Fähigkeit, Alkohol abzubauen.

Montag

Axel trinkt fünf Gläser helles Bier à 0,5 Liter (je 2 Alkohol-Einheiten) und danach zwei große Gläser Wein (6 Alkohol-Einheiten). Ralf trinkt sieben Hefeweizen à 1 Liter (je 4 Alkohol-Einheiten). Am Ende des Gelages hat Axel 16 Einheiten konsumiert, Ralf jedoch 28. Ralf wird sich am nächsten

Morgen schlechter fühlen als Axel. Das liegt an der Alkoholmenge, nicht an der Mischung. Ihm fällt aber auf, dass es Axel, der »in der richtigen Reihenfolge« getrunken hat, besser geht.

Mittwoch

Axel trinkt fünf Gläser helles Bier à 0,5 Liter und danach zwei große Gläser Wein. Ralf trinkt drei große Gläser Wein. Nach 9 Alkohol-Einheiten ist sein Urteilsvermögen bereits getrübt. Er steigt um und bestellt vier Hefeweizen à 1 Liter – insgesamt 25 Einheiten. Am Morgen fühlt er sich schrecklich und schwört, Axel die Reihenfolge beim nächsten Mal nachzumachen.

Freitag

Ralf erinnert sich an den letzten Kater (Wein vor dem Bier) und bestellt vier Gläser helles Bier à 0,5 Liter (je 2 Alkohol-Einheiten) und danach drei große Gläser Wein (je 3 Alkohol-Einheiten). Axel trinkt drei Gläser Wein und danach vier Gläser helles Bier à 0,5 Liter. Am Ende des Abends haben beide 17 Alkohol-Einheiten konsumiert und wachen mit ähnlichen Beschwerden auf. Ralf fühlt sich am Samstagmorgen besser als an allen Vortagen. Statt die Ursache beim Ausschlafen und der geringeren Alkoholmenge am Vorabend zu suchen, beschließt er, künftig immer Bier vor Wein zu trinken.

Einfach weniger trinken

So einfach können »Pseudo-Beweise« das Verhalten von Menschen beeinflussen. Das beste Rezept zum Vermeiden eines Katers ist, weniger Alkohol zu trinken und Getränke in hellen Farben zu bevorzugen. Es gibt Hinweise darauf, dass Getränke, die Fuselalkohole enthalten, Katerbeschwerden verstärken. Fuselalkohole sind toxische Stoffe, die während der Gärung entstehen und in dunklen Getränken in höherer Konzentration enthalten sind. Wer sich an helle Getränke hält, wird sich besser fühlen als nach der gleichen Menge dunkler Getränke. Whisky enthält beispielsweise viermal mehr Fuselalkohole als Gin, Rotwein enthält mehr als Weißwein, und Bourbon enthält dreißigmal mehr als Wodka. Ungefähres Katerrisiko durch Fuselalkohole in absteigender Reihenfolge: Weinbrand, Rotwein, Rum, Whisky, Weißwein, Gin, Wodka, Wasser.

>Fazit

Es gibt keinen Beweis dafür, dass die Reihenfolge des Alkoholkonsums Einfluss auf das Befinden am nächsten Tag hat.

"Kopfstand nach dem Sex fördert eine Schwanger- schaft "

/Wenn es für Spermien besonders schwierig wäre, gegen die Schwerkraft bergauf zu schwimmen, fragt man sich, warum Menschen sich zu Zwei- beinern entwickelt haben, statt sich wegen des Fortpflanzungsvorteils auf allen vieren zu bewegen.

Liegen fördert die Empfängnis

Viele Fruchtbarkeitsexperten empfehlen, dass die Frau nach dem Sex mindestens 15 Minuten waagerecht liegen sollte. Manche schlagen sogar vor, ein Kissen unter das Becken zu schieben, um der Natur ein bisschen nachzuhelfen. Es gibt aber keinen Hinweis auf besondere Vorteile des Kopfstands.

Studien haben ergeben, dass nach einer künstlichen Befruchtung (IUI) 27 % der Frauen, die 15 Minuten auf dem Rücken liegen blieben, nach drei Zyklen schwanger wurden. Dagegen wurden von den Frauen, die gleich nach der Behandlung aufstanden, nur 18 % schwanger.

Möglicherweise hat es mit der Schwerkraft zu tun, dass das Liegen einen Unterschied macht.

Verschiedene Faktoren beeinflussen die Befruchtung

Manchen Stellungen beim Sex sagt man nach, dass sie für eine Schwangerschaft förderlicher sind als andere. Die besten Chancen soll die Missionarsstellung bieten (Frau auf dem Rücken liegend, Mann oben), allerdings wird dies nicht durch genügend wissenschaftliche Studien belegt. Tatsächlich spielen verschiedene Faktoren eine Rolle: Zeitpunkt im Zyklus, Ernährung, Stress, Alter der Frau, Häufigkeit des Geschlechtsverkehrs, Unter- oder Übergewicht, Rauchen, Alkoholgenuss, heiße Bäder (siehe S. 96), übermäßiger Sport und vieles mehr. »Die menschliche Fortpflanzung ist nicht so effizient, wie viele Leute denken«, sagt Dr. Robert Stillman, medizinischer Leiter des Shady Grove Fertility Centers bei Washington, DC. »Einige Minuten Rückenlage genügen vollkommen.«

Stress abbauen

Nützlicher als Kopfstand ist wahrscheinlich Yoga, um Stress abzubauen, den Körper zu stärken und die Sauerstoffversorgung zu verbessern. Erfolgreiches Stressmanagement fördert die Fruchtbarkeit. Statt also hektisch sofort nach dem Sex die Sirsasana (Kopfstand) zu üben, sollten Sie sich ein Übungsprogramm zurechtlegen. Suchen Sie sich lieber einen guten Lehrer, bei dem Sie einen ganzheitlichen Ansatz lernen können. Der Kopfstand ist etwas für Fortgeschrittene. Bevor Sie ihn versuchen, sollten Sie die Muskeln in Nacken und Rücken aufbauen.

>Fazit

Der Nutzen von Kopfstand nach dem Sex wird durch die medizinische Forschung nicht bestätigt. Die Mühe lohnt sich vermutlich nicht.

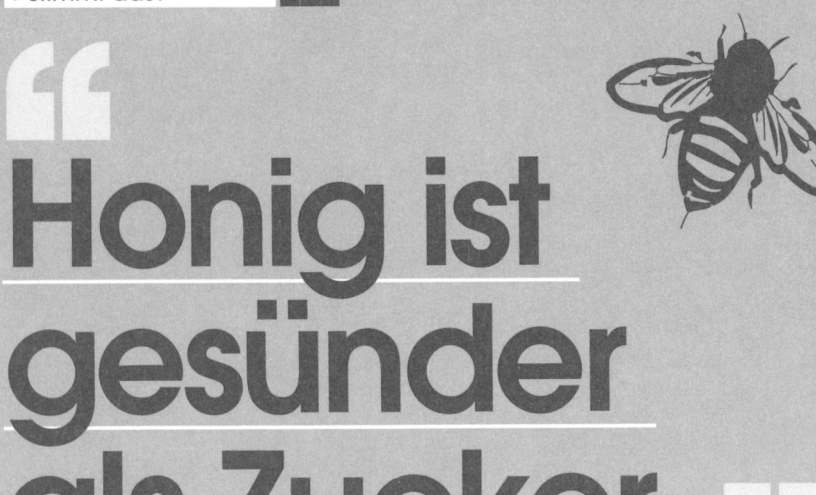

„Honig ist gesünder als Zucker"

/Weißer Zucker hat einen schlechten Ruf, brauner Zucker steht nicht ganz so schlecht da. Honig ist seit vielen Generationen als Süßungsmittel bekannt und wird auch als Hausmittel gegen verschiedene Beschwerden eingesetzt. Honig gilt als »natürlich«, Zucker dagegen als »künstlich«.

Dickmacher

Ernährungsphysiologisch unterscheidet sich Honig nicht nennenswert von Zucker. Je nach Sorte besteht Honig zu etwa 20–40 % aus Wasser, den Rest macht eine Mischung von Traubenzucker, Fruchtzucker und anderen Zuckerarten aus. Sein Kaloriengehalt ist nur geringfügig niedriger als der von gewöhnlichem Haushaltszucker. Allerdings besitzen manche Sorten eine etwas stärkere Süßkraft, sodass geringere Mengen ausreichen, um die gewünschte Süße zu erhalten.

Auch die Unterschiede zwischen weißem und braunem Zucker sind nicht so gewaltig, wie uns die Werbung glauben machen möchte. Weißer Zucker besteht zu 100 % aus Saccharose. Manche braunen Zuckerarten sind nichts anderes als karamellisierter oder mit Sirup gefärbter Weißzucker. Rohzucker (aus Zuckerrüben) und Rohrohrzucker (aus Zuckerrohr) sind nicht raffiniert und erhalten ihre Farbe durch Melassereste. Vollrohrzucker oder »Ursüße« besteht aus gefiltertem, getrocknetem und dann gemahlenem Saft des Zuckerrohrs. Sein Saccharosegehalt liegt bei etwa 93 %, also nur wenig niedriger als der von Haushaltsraffinade.

Karies und Kinder

Dass Zucker Karies verursacht, ist hinlänglich bekannt. Das gilt für alle Zuckertypen. Honig besteht aus Trauben- und Fruchtzucker, die in gleichem Maß Karies verursachen wie Kristallzucker. Er dringt außerdem in die Zahnzwischenräume ein und bleibt dort wegen seiner klebrigen Konsistenz besonders lange haften – die Kariesbakterien haben also mehr Zeit, Schäden an den Zähnen anzurichten.

Prof. Dr. med. Andreas Pfeiffer, Direktor der Abteilung Endokrinologie, Diabetes und Ernährungsmedizin an der Charité in Berlin, bezieht auch synthetische Süßstoffe in diese Überlegung ein. Er hält es für möglich, »dass Menschen, die viel Süßstoff verwenden, generell mehr Süßes essen – ganz einfach aus Gewohnheitsgründen. Menschen haben nun mal bestimmte Präferenzen. Wenn jemand permanent viel Süßes isst, tritt eine Desensitivierung ein, sodass er letztlich immer mehr Süßes braucht – also eine gewisse Sucht nach Süßem entwickelt.«

Gesunde Inhaltsstoffe

Der gute Ruf von Honig beruht auf weiteren Inhaltsstoffen wie Vitaminen, Mineralien und Enzymen. Vor allem Letzteren verdankt er seinen Einsatz als Hausmittel gegen Erkältungskrankheiten und Hautreizungen. Zudem ist Honig ein Naturprodukt und muss laut Honigverordnung ohne Veränderungen oder Zusätze in den Handel gebracht werden. Das bedeutet, dass die Konzentration dieser Inhaltsstoffe stark schwanken kann. Da die Enzyme bei Temperaturen über 40 °C zerstört werden, besitzt Honig in heißen Getränken wie Tee und Milch oder als Zutat zum Backen keinen gesundheitlichen Nutzen.

>Fazit

Die gesundheitlichen Vorteile von Honig und braunem Zucker gegenüber weißem Zucker sind relativ gering.

„Zwiebeln beugen Kater- beschwerden vor"

/Ein Heilmittel gegen Katerbeschwerden hat die Wissenschaft noch nicht gefunden. Der Körper braucht mindestens 24 Stunden, um die Giftstoffe auszuscheiden und die durch starken Alkoholkonsum verloren gegangenen Flüssigkeiten, Nährstoffe und Elektrolyte zu ersetzen. Es gibt aber vorbeugende Maßnahmen gegen Beschwerden. Dazu gehören Zwiebeln und auch Zwiebelsaft, der Flüssigkeit ersetzt.

Jede Kultur kennt Lebensmittel, die dem Kater vorbeugen sollen. Die Deutschen und Niederländer schwören auf saure Heringe, die Mexikaner auf Chili, die Russen auf Rote-Bete-Suppe (Borschtsch) – und die Franzosen auf Zwiebeln. Pariser Marktarbeiter und Bauern beschließen ein Trinkgelage mit einer Schale Zwiebelsuppe, die leicht verdaulich ist und wertvolle Nährstoffe enthält.

Vorübergehende Ablenkung

Sauer eingelegte und rohe Zwiebeln haben einen pikanten Geschmack, der vorübergehend von Kopfschmerzen, Magenbeschwerden und lahmen Muskeln ablenken kann.

Blutzuckerspiegel stabilisieren

Zwiebeln sollen den Blutzuckerspiegel stabilisieren. Zudem enthalten sie viel Kalium, das für die Funktion von Nerven und Muskeln wichtig ist, aber durch die verstärkte Urinausscheidung nach Alkoholgenuss verloren geht. Sie sind reich an Sulfoxiden, die vermutlich die Leber entgiften. Dieselben Schwefelverbindungen sind für tränende Augen beim Zwiebelschneiden verantwortlich. Außerdem enthalten sie entzündungshemmende und antioxidative Verbindungen wie Quercetin und Phenole, die Kopf- und Muskelschmerzen lindern können.

>Fazit

Es gibt kein besseres Mittel gegen Kater als mäßigen Alkoholgenuss. Falls es doch einmal mehr wird, können Zwiebeln unangenehme Nachwirkungen lindern.

"Gegen Kopf-schmerzen hilft, die Stirn mit einer halben Zitrone einzureiben"

/Schmerzen im Kopf oder oberen Nacken gehören zu den meist-verbreiteten Schmerztypen. Sie können viele Ursachen haben. Viele Leute behaupten, durch Ein-reiben der Stirn mit einer halben Zitrone den Schmerz lindern zu können. Also funktioniert es für manche, und wenn es nur ein Placebo-Effekt ist. Es gibt allerdings Gründe, die tatsächlich für die Wirksamkeit sprechen.

Kopfschmerz-Typen

Man unterscheidet zwischen pri-märer, sekundärer und kranialer Neuralgie. Spannungskopfschmer-zen, die viele Erwachsene schon einmal erlebt haben, sind die häufigste Form primärer Neuralgie. Sie treten bei Frauen häufiger auf als bei Männern. Die zweithäufigste Form ist Migräne. Sekundäre Kopfschmerzen werden durch andere Probleme in Kopf oder

Hals verursacht, beispielsweise Gehirnblutungen, einen Tumor oder eine Infektion wie Meningitis. Kraniale Neuralgien werden durch Nervenentzündungen im Kopf und oberen Hals ausgelöst.

Zitrone gegen Spannungskopfschmerz

Das Einreiben mit einer halbierten Zitrone dürfte nur gegen Spannungskopfschmerzen wirken, weil die anderen Typen gravierender sind und meist auf anderen Ursachen beruhen. Wenn das Abreiben nicht wirkt, bedeutet das nicht, dass die Kopfschmerzen eine gravierende Ursache haben. Halten sie jedoch an, sollten Sie einen Arzt konsultieren.

Spannungskopfschmerzen werden oft durch Verspannungen der Muskeln auf der Schädeldecke verursacht, vor allem aber im Nacken, wo der Trapezius an den Kopf ansetzt, und im Kiefer. Diese Schmerzen äußern sich oft als unangenehmes Engegefühl um den Kopf herum oder Druck über den Augenbrauen. Der Schmerz lenkt ab, ohne extrem zu beeinträchtigen, und geht – im Gegensatz zu Migräne – nicht mit Übelkeit oder Lichtempfindlichkeit einher.

So funktioniert es

Durch die Reibung wird möglicherweise ein Signal ans Gehirn gesandt, das die Entspannung der Nackenmuskeln und dadurch Schmerzlinderung bewirkt. Der frische Geruch fördert die Entspannung des Kiefers und die Erweiterung der Nasennebenhöhlen, was ebenfalls Verspannungen lindern kann. Um zusätzlich den Trapezius zu lockern, könnten Sie mehrmals mit den Schultern kreisen und danach behutsam den Kopf so weit nach rechts und links drehen, dass Sie über die Schulter nach hinten schauen.

> **Fazit**

Die Wirkung von Zitrone ist wissenschaftlich nicht erwiesen, dennoch geben viele Menschen an, damit Erfolg zu haben.

"Hexenzahn„

/Schon seit der römischen Antike ist dokumentiert, dass gelegentlich Kinder mit Zähnen zur Welt kamen. In manchen Kulturen galt dies als gutes Omen, in anderen als böses. Napoleon, Richard III., Ludwig XIV. und Hannibal zählen zu den historischen Figuren, bei denen bei der Geburt bereits Zähne sichtbar waren. In einigen Teilen Europas meinte man, solchen Kindern sei es bestimmt, bedeutende Heerführer zu werden. In Indien, China und Afrika dagegen wurden Säuglinge mit Zähnen getötet oder Exorzismus-Ritualen unterzogen, weil man dachte, sie seien von Dämonen besessen.

Noch heute werden so frühe Zähne mit Misstrauen betrachtet, entweder aufgrund der Annahme »je eher sie kommen, desto eher fallen sie aus« oder weil man sie für ein Anzeichen für andere medizinische Defekte hält.

Selten, aber gefahrlos

Es kommt relativ selten vor, dass die Zähne bei der Geburt schon sichtbar sind. Für das Baby besteht aber keine Gefahr (außer in seltenen Fällen kleine Geschwüre an der Zunge). Für eine stillende Mutter können die Zähnchen schmerzhaft sein, andererseits bleibt dem Kind später ein Teil der Schmerzen beim Zahndurchbruch erspart.

Die Häufigkeit von Säuglingszähnen liegt bei 1:2000 bis 1:3500 Lebendgeburten und kommt bei Mädchen etwas häufiger vor. Meist handelt es sich nicht um zusätzliche Zähne, sondern um vorzeitig durchgebrochene Milchzähne. Sie erscheinen normalerweise paarweise, und in über 85 % der Fälle sind es die unteren Schneidezähne. Nur bei einem von ca. 30 000 lebend geborenen Kindern sind bereits mehr als zwei Zähne durchgebrochen. Die Zähne können normal aussehen, aber auch kleiner, konisch oder gelblich sein oder eine schwach ausgebildete Wurzel haben.

Ursachen

Die genaue Ursache ist noch unbekannt. Alexander Leung von der Universität Calgary (Kanada) führte 2006 in einem Artikel im *Journal of the National Medical Association* aus: »Infektionen, Fieber, Traumata, Mangelernährung, oberflächennahe Position der Zahnfächer, hormonelle Stimulation und Kontakt der Mutter mit Umweltgiften wurden als mögliche Ursachen diskutiert.«

Behandlung

Sofern die Zähne nicht locker sitzen oder die Entwicklung der normalen Zähne behindern, ist eine Behandlung nicht erforderlich.

>Fazit

In der überwiegenden Mehrzahl der Fälle stellen vorzeitig durchgebrochene Milchzähne keine Gefahr für das Kind dar, deuten nicht auf andere Probleme hin und haben keine Auswirkung auf seine künftige Entwicklung.

„Dreck reinigt den Magen"

/ Dass kleine Kinder ihre Welt auch mit dem Mund erkunden, weil er nun einmal ein hochsensibles Tastorgan ist, mag hinlänglich bekannt sein – dennoch schauen viele Eltern ganz genau hin, was die Kleinen in den Mund stecken. Ein Bauklotz mag ja hingehen, aber beim »Sandkuchen« in der Sandkiste sieht es schon anders aus. Und auch stürmische Liebesbekundungen des Haustiers werden oft mit gemischten Gefühlen betrachtet.

Heilender Dreck

Um eine Aussage über die Wirkung von »Dreck« auf den Magen oder den menschlichen Organismus zu treffen, muss man zunächst den Dreck genauer betrachten. Schon vor über 2000 Jahren fanden die Griechen heraus, dass Erde der Insel Lemnos Linderung bei Magenbeschwerden brachte. Seitdem wurde eine Reihe von Heilerden entdeckt und gegen verschiedene Krankheiten eingesetzt. Manche dieser Erden enthalten Magnesium- und Aluminiumverbindungen, die auch in der modernen Pharmazie für Medikamente zur Neutralisierung überschüssiger Magensäure eingesetzt werden. In der Naturheilkunde wird Löss als Mittel gegen Sodbrennen, säurebedingte Magenbeschwerden und Durchfall sowie zur Sanierung der Darmflora eingesetzt, außerdem äußerlich zur Linderung von Akne, Entzündungen, Muskel- und Gelenkbeschwerden. Besondere Heilerden aus tieferen Bodenschichten enthalten nahezu keine Krankheitserreger und können – entsprechende Sachkenntnis in der Anwendung vorausgesetzt – sogar auf offene Wunden aufgetragen werden.

Trainingseffekt

In der westlichen Welt genießen wir einen hohen Lebensstandard, und damit geht ein hoher Standard der Hygiene einher. Immer mehr Forscher sind allerdings der Ansicht, dass genau darin eine der Ursachen für die zunehmende Zahl von Allergien, Atemwegserkrankungen und Infekten liegt. Eine Scheibe Brot, die auf den Küchenboden oder den Schulhof gefallen ist, braucht man nicht wegzuwerfen. Zweifellos haftet an ihr etwas »Dreck«, doch der wird durch Enzyme im Speichel und die Magensäure größtenteils vernichtet. Was danach übrig bleibt, ist kaum dazu angetan, ernste Krankheiten zu verursachen – sondern trainiert im Gegenteil sogar das Immunsystem.

Die Medizin nennt diese Annahme »Hygiene-Hypothese«. Die Mikrobiologin und Immunologin Mary Ruebush erklärt in ihrem Buch *Why Dirt is Good*: »Wenn ein Kind Dinge in den Mund steckt, lernt auch sein Immunsystem die direkte Umgebung kennen. Dadurch werden Abwehrreaktionen »geübt«, und das noch unausgereifte Immunsystem lernt, welche Reize es ignorieren kann.«

Hundeliebe

In manchen Regionen kursiert der Volksglaube, Wunden würden schneller heilen, wenn ein Hund sie ableckt. Der Glaube an die Heilwirkung von Hundespeichel hat eine lange Tradition, die bis ins alte Ägypten zurückreicht. Im antiken Griechenland wurden am Schrein des Aesculapius Hunde abgerichtet, Patienten abzulecken. »Lingua canis dum lingit vulnus curat«, und in der Bibel leckten die Hunde die Geschwüre des Lazarus (Lukas 16,21).

Das Ablecken von Wunden ist bei vielen Tieren ein instinktives Verhalten. Dabei werden Schmutz und Fremdkörper aus der Wunde entfernt. Der Speichel enthält Histatine (einfache Proteine), die entzündungshemmend wirken und die Neubildung von Haut über der Wunde anregen. Forscher der University of Florida in

Gainesville haben im Speichel das Protein NGF (Nerve Growth Factor = Nervenwachstumsfaktor) entdeckt. Untersuchungen von Dr. Nigel Benjamin am St Bartholomew's Hospital und der London School of Medicine and Dentistry haben gezeigt, dass Nitrite aus dem Speichel auf der Haut Stickstoffmonoxid bilden. Dieses trägt zum Schutz vor bakteriellen Infektionen bei.

Wenn also der Haushund einem Kind freundschaftlich Hände oder Gesicht ableckt, besteht kein Grund zur Panik.

Würmer

Darf man sonnenwarme Erdbeeren direkt von der Pflanze naschen, auch wenn etwas Erde daran klebt? Oder muss man sie waschen, weil sich in der Erde Wurmeier befinden könnten? Studien von Dr. Joel Weinstock am Tufts Medical Centre in Boston und Dr. David Elliott von der Universität Iowa legen nahe, dass Eingeweidewürmer bei der Programmierung des kindlichen Immunsystems eine noch wirkungsvollere Rolle spielen als Infektionen durch Bakterien und Viren. Elliott rät: »Kinder sollten im Freien barfuß laufen, im Schlamm spielen, das Händewaschen vor dem Essen ›vergessen‹ dürfen … zwei Hunde und eine Katze haben.« Durch den Kontakt mit Eingeweidewürmern wird ihr Immunsystem gestärkt, und sie sind weniger anfällig für Allergien und Autoimmunerkrankungen.

>Fazit

Reinigende Wirkung auf den Magen besitzen nur Heilerden. Im Hinblick auf »Alltagsdreck« legen neuere Forschungen aber nahe, dass der direkte Kontakt mit Mikroorganismen und Tieren dem Immunsystem von Kindern durch einen gewissen Trainingseffekt eher nützt als schadet.

"Zecken dreht man entgegen dem Uhrzeiger-sinn heraus"

/Wer im Sommer in kurzen Hosen durch die Natur streift, kann sich schon einmal eine Zecke einfangen. Eine gut bekannte Empfehlung lautet, man solle die Blutsauger aus der Haut herausdrehen, wobei es über die Richtung – im Uhrzeigersinn oder entgegengesetzt – unterschiedliche Auffassungen gibt. Ebenso verbreitet ist die Vorstellung, man könne die Zecken zum Loslassen zwingen, indem man sie mit einer luftundurch-lässigen Substanz wie zäher Babycreme, Öl oder Nagellack bestreicht.

Zecken richtig entfernen

Fakt ist, beide Methoden sind eher schädlich als nützlich. Beim Versuch, die Zecke aus der Haut zu drehen, besteht Gefahr, dass der Kopf abreißt und die scherenartigen Mundwerkzeuge in der Haut stecken bleiben. Eine Drehbewegung wäre nur sinnvoll, wenn der Stechapparat ein Gewinde hätte. Tatsächlich ist er aber symmetrisch aufgebaut, sodass er sich am leichtesten lösen lässt, indem man die Zecke so hautnah wie möglich mit einer Zeckenzange erfasst und langsam, gerade und kontrolliert – keinesfalls ruckartig – aus der Haut zieht. Beim Versuch, sich festzubeißen, würde die Zecke zerreißen, und da sie – wie jedes Lebewesen – über einen Überlebensinstinkt verfügt, lässt sie eher los.

Durch das hermetische Abdichten der Haut mit Fett oder ähnlichen Stoffen wird das Tier nicht getötet, sondern erheblichem Stress ausgesetzt. Dadurch gibt es vermehrt Speichel in die Bissstelle ab, und die Infektionsgefahr steigt.

FSME

Eine der beiden für den Menschen gefährlichsten Krankheiten, die durch Zecken übertragen werden, ist die Frühsommer-Meningo-Enzephalitis (FSME). Der Name der Krankheit ist irreführend, denn sie kann nahezu ganzjährig auftreten. Ihre Symptome ähneln im ersten Stadium einer Sommergrippe. Im zweiten Stadium kann der Erreger das zentrale Nervensystem befallen und eine Hirnhautentzündung verursachen. In schweren Fällen kann das ganze Gehirn betroffen sein. Der Erreger kann binnen weniger Minuten übertragen werden, da das Virus in der Speicheldrüse der Zecke vorhanden ist. Und weil der Speichel außerdem einen betäubenden Wirkstoff enthält, bleibt der Biss möglicherweise eine Zeit lang unbemerkt. 2013 wurden in Deutschland 420 FSME-Fälle gemeldet. Die Anzahl der vom Robert-Koch-Institut als Risikogebiet erklärten Stadt- und Landkreise ist von 65 (2001) auf 142 (2014) angestiegen.

Borreliose

Die zweite gefährliche Erkrankung, die durch einen Zeckenbiss übertragen werden kann, ist die Borreliose. Genaue Zahlen über die Verbreitung der Krankheit liegen nicht vor, weil nicht in allen Bundesländern Meldepflicht besteht. Es wird aber von mehreren Zehntausend Erkrankungen pro Jahr ausgegangen. Die Borreliose ist schwierig zu diagnostizieren. Sie ist eine multisystemische Krankheit, deren frühe Symptome – Fieber, Kopfschmerzen, Abgeschlagenheit – auch bei anderen Erkrankungen auftreten. Typisch ist lediglich eine ringförmige Hautrötung um die Stichstelle, die einige Tage bis Wochen anhalten kann. Im Anfangsstadium ist die Borreliose als bakterielle Erkrankung mit Antibiotika recht gut zu behandeln. Im zweiten Stadium kann es zu starken Schmerzen, Herzbeschwerden und Gesichtslähmungen kommen. Typisch für das dritte – chronische – Stadium sind Gelenkentzündungen und neurologische Schäden. Die Behandlung einer fortgeschrittenen Borreliose ist schwieriger und oft langwierig.

Da bis zur Infektion mit Borreliose-Bakterien 12–24 Stunden vergehen können, ist es wichtig, die Zecke rasch zu entfernen. Einen Borreliose-Impfstoff für die Anwendung beim Menschen gibt es zurzeit nicht.

Haustiere

Entgegen einer verbreiteten Meinung sitzen Zecken nicht auf Bäumen, um sich auf ihre Opfer fallen zu lassen. Sie warten im hohen Gras, Buschwerk und Unterholz auf herumstreifende Warmblüter und können nur bei direktem Körperkontakt »umsteigen«.

Eine Studie des Robert-Koch-Instituts, die 2012 im Mitteilungsblatt *Epidemiologisches Bulletin* (Nr. 14, 10. April 2012) veröffentlicht wurde, ergab, dass Haustierbesitzer, vor allem Katzenbesitzer, stärker gefährdet sind als Personen ohne Tiere. Da Zecken den Wirt wechseln und z. B. auch in der Wohnung lange ohne Nahrung überleben können, ist es ratsam, Haustiere regelmäßig zu untersuchen und die Blutsauger zu entfernen.

>Fazit

Zecken sollte man keinesfalls mit einer Drehbewegung entfernen, sondern langsam und gerade herausziehen. Sinnvoller ist es, sich durch geschlossene Kleidung und Schuhe zu schützen und nach einem Aufenthalt im Freien Kleidung und Körper genau in Augenschein zu nehmen.

„Butter lindert Schmerzen bei Verbrennungen"

/In einem Verbandskasten findet man Kompressen, elastische Binden, Desinfektionstücher, Pflaster, vielleicht Schmerzmittel – aber weder Butter noch Schmalz oder andere fetthaltige Kochzutaten. Das hat seinen Grund. Verbrennungen sollten niemals mit Butter behandelt werden.

Griffbereit

Kleine Verbrennungen zieht man sich oft in der Küche zu. Dort ist Butter griffbereit, und sie scheint viele Vorteile zu haben: Sie ist natürlich, bildet einen schützenden Film auf der Wunde und kühlt, sofern sie im Kühlschrank aufbewahrt wurde. Leider ist das alles falsch. Butter kann Infektionen verursachen. Sie hemmt das Abkühlen der Verbrennung, und sie stellt einen Nährboden für Bakterien dar.

Behandlung

Brandwunden sollte man sofort und mehrere Minuten lang unter fließendes kaltes Wasser halten, um sie zu säubern und abzukühlen. Schnelles Handeln ist wichtig. Je schneller Sie die Verbrennung kühlen, desto geringer ist der Schaden. Ein häufiger Fehler besteht darin, nicht lange genug zu kühlen. Selbst bei kleineren Verbrennungen sind 15 Minuten empfehlenswert. Eis oder Eiswasser sollten Sie nicht verwenden: Extreme Kälte kann Hautzellen ebenso zerstören wie extreme Hitze.

Entfernen Sie Kleidung, die die Verbrennung bedeckt, weil sie Hitze speichern kann. Stoff, der mit der Haut verklebt ist, darf nicht entfernt werden.

Danach die Verbrennung mit steriler Gaze oder einer Wundkompresse bedecken, um eine Infektion zu vermeiden. Watte ist ungeeignet, weil die Fasern mit der Wunde verkleben können. Brandblasen keinesfalls aufstechen, dadurch wird nur das Infektionsrisiko vergrößert.

Frischhaltefolie

Falls keine sterile Gaze greifbar ist, können Sie auch Frischhaltefolie verwenden. Die ersten Zentimeter abschneiden und wegwerfen, weil sich darauf Keime befinden können. Die Folie einschichtig um die Verletzung wickeln – nicht zu fest, sonst kann es zu Schwellungen kommen. Arzt oder Sanitäter können die Verletzung durch die transparente Folie hindurch sehen, und die Folie lässt sich bei Bedarf leicht entfernen.

>Fazit

Butter lindert Verbrennungsschmerz nicht, sondern verstärkt ihn, weil die Fettschicht die Abgabe von Wärme hemmt. Außerdem kann sie das Infektionsrisiko erhöhen.

"Durch die Grippe-impfung kann man Grippe bekommen"

/ Bei einer Grippeimpfung werden saisonale Influenza-Viren injiziert. Außerdem gibt es eine Impfung in Form eines Nasensprays, das eine abgeschwächte Form eines Grippevirus enthält. Keine der Impfungen kann eine Grippeerkrankung auslösen.

Überwachung von Veränderungen

Es gibt 130 nationale Influenza-Zentren in 101 Ländern, die ständig Auftreten und Veränderungen von Grippeerkrankungen überwachen. Eine Grippeimpfung enthält drei saisonale Viren, die in Eiern kultiviert werden. Die Zusammenstellung kann von Jahr zu Jahr variieren. Sie hängt davon ab, welche Erreger-stämme nach Ansicht der Influenza-Zentren in der bevorstehenden Saison die größten Risiken darstellen. Der Impfstoff, der 2011–2012 auf der nördlichen Halbkugel eingesetzt wurde, schützte beispielsweise vor zwei Influenza-A-Viren (H1N1 und H3N2) und einem Influenza-B-Virus.

Regelmäßige Impfungen

Der Impfstoff wird intramuskulär (in einen Muskel) gespritzt und eignet sich für Menschen ab einem Alter von sechs Monaten, auch für Personen mit chronischen Erkrankungen und schwangere Frauen. Für Menschen über 65 wird ein höher dosierter Impfstoff angeboten. Er enthält die vierfache Menge des Antigens (des Inhaltsstoffs, der das Immunsystem zur Bildung von Antikörpern anregt). Außerdem gibt es für Menschen zwischen 18 und 64 Jahren ein Präparat, das intradermal (in die Haut) gespritzt wird.

Komplikationen

Bei einigen Personengruppen kann es zu Komplikationen kommen. Sie sollten vor der Impfung ihren Arzt konsultieren, aber auch sie werden nicht an Grippe erkranken. Betroffen sind Personen, bei denen starke allergische Reaktionen auf Eier oder eine vorherige Grippeimpfung aufgetreten sind, Patienten mit Fieber, schwangere Frauen und Patienten mit dem Guillain-Barré-Syndrom (einer schweren Erkrankung des peripheren Nervensystems).

Antikörper

Die Wirksamkeit der Impfung hängt vom Alter und vom Immunsystem des Patienten ab, außerdem davon, mit welchen Erregerstämmen er Berührung hatte. Nach der Impfung dauert es etwa zwei Wochen, bis der Organismus Antikörper gebildet hat. Wer in diesem Zeitraum an Grippe erkrankt, hat sich vor der Impfung infiziert – oder zu einer Zeit, als noch nicht genügend Antikörper gebildet waren. Eventuell ist auch ein Erregerstamm verantwortlich, der mit der Impfung nicht erfasst wurde.

Nebenwirkungen

Nebenwirkungen wie Brennen, Rötung oder Jucken der Einstichstelle oder erhöhte Temperatur können vorkommen, sind jedoch keine Grippeerkrankung und klingen nach ein bis zwei Tagen ab. Das häufigste Symptom sind Gliederschmerzen, verursacht durch die Aktivität des Immunsystems bei der Produktion von Antikörpern. Mögliche Nebenwirkungen der Nasenspray-Impfung sind laufende Nase, Kopfschmerzen, Halsschmerzen und Husten bei Erwachsenen sowie laufende Nase, Kopfschmerzen, keuchende Atmung, Erbrechen, Muskelschmerzen und Fieber bei Kindern.

> **Fazit**

Auch nach einer Grippeimpfung kann man an Grippe erkranken. Die Impfung ist jedoch nicht die Ursache dafür.

" Lange, heiße Bäder reduzieren die Spermienzahl "

/Dass Hitze sich negativ auf die männliche Fortpflanzungsfähigkeit auswirkt, wird schon in Schriften des Hippokrates aus dem 5. Jahrhundert v. Chr. erwähnt. Der Volksglaube, dass heiße Bäder die Spermienzahl reduzieren, existiert seit Jahrhunderten. Nur wenige moderne Studien sind dieser Annahme nachgegangen, scheinen sie aber zu bekräftigen.

Vorübergehende Sterilisation

Um 1946 experimentierte die Schweizer Ärztin M. Voegeli, die in Indien praktizierte, zehn Jahre lang mit heißem Wasser als Verhütungsmittel für Männer. Bei neun Freiwilligen erreichte sie eine sechs Monate andauernde Sterilität, indem die Probanden drei Wochen lang täglich 45 Minuten Sitzbäder in mindestens 43 °C heißem Wasser nahmen. Bei niedrigeren Temperaturen verkürzte sich die Dauer der Sterilität (mindestens 38 °C/4 Monate).

Feuchte Hitze

Eine weitere Studie fand 1965 statt. Bei Männern, die an jedem zweiten Tag 30 Minuten lang »feuchter

Hitze« ausgesetzt waren, ließ sich ein vorübergehender Rückgang der Spermienproduktion feststellen. Die Qualität der Spermien wurde vor und nach der Studie jedoch nicht untersucht.

Verbesserte Fruchtbarkeit

2007 wurde eine dreijährige Studie an elf Männern mit Fruchtbarkeitsproblemen abgeschlossen. Bei sechs Männern hatte sich die Spermienproduktion verfünffacht, nachdem sie sechs Monate lang auf heiße Bäder verzichtet hatten. Die Mobilität der Spermien stieg von 12 % auf 34 % an. Bei den anderen Männern war keine Verbesserung festzustellen, was nach Meinung der Forscher daran liegen könnte, dass sie starke Raucher waren. Drei der Probanden, deren Fruchtbarkeit sich verbesserte, rauchten nur gelegentlich.

Draußen ist es kalt

Hoden befinden sich außerhalb der Bauchhöhle, weil zur Produktion gesunder Spermien eine niedrigere Temperatur nötig ist. Ab einer Temperatur von 37 °C stellen die Hoden die Spermienproduktion ein. Als Reaktion auf Kälte zieht sich die Haut des Hodensacks zusammen und reguliert dadurch den Abstand zum restlichen Körper und die Temperatur. Auch die Blutgefäße im Hodensack sorgen für die Temperaturregelung.

Die Spermienzahl wird durch die Jahreszeiten beeinflusst und ist in heißen Sommern am geringsten. Einigen Quellen zufolge normalisiert sich die Produktion einige Tage nach einem heißen Bad. Studien von Voegeli und anderen deuten darauf hin, dass die Verringerung Monate anhalten kann.

>Fazit

Heiße Bäder hemmen Produktion und Mobilität der Spermien, es ist jedoch umstritten, wie lange diese Wirkung anhält. Als Verhütungsmaßnahme sind heiße Bäder ungeeignet. Wer jedoch an Fruchtbarkeitsproblemen leidet, sollte lieber duschen und das Rauchen aufgeben.

Sitzen auf einer Heizung oder einer kalten Mauer verursacht Hämorrhoiden

/Hämorrhoiden sind geschwollene, entzündete Blutgefäße im Analkanal, die unangenehm schmerzen können. Sie können verschiedene Ursachen haben, Heizungen und kalte Mauern gehören jedoch nicht dazu.

Der 3–6 cm lange Analkanal bildet die Verbindung zwischen dem letzten geraden Abschnitt des Dickdarms und dem Darmausgang, der durch den Schließmuskel kontrolliert wird. Hämorrhoiden sind Schwellungen im Kanal, die häufig durch Pressen bei der Darmentleerung verursacht werden.

Vier Grade

Hämorrhoiden werden nach Schwere des Problems in vier Grade oder Stadien eingeteilt. Im Stadium 1 sind sie äußerlich nicht zu sehen, selten treten leichte Blutungen auf. Im Stadium 2 können sie beim Stuhlgang kurzzeitig aus dem After gedrückt werden, ziehen sich danach aber wieder zurück. In Stadium 3 treten die Hämorrhoiden aus, können aber zurückgeschoben werden. In Stadium 4 ist ein Zurückschieben nicht möglich.

Risikofaktoren

Etwa 50 % aller Menschen sind irgendwann in ihrem Leben von Hämorrhoiden betroffen, besonders häufig Personen über 65 und Menschen mit Übergewicht. Weitere Risikofaktoren sind ballaststoffarme Ernährung, Schwangerschaft, Heben schwerer Gegenstände oder eine angeborene Gewebeschwäche.

Behandlung und Vorbeugung

Ballaststoffreiche Nahrung, ausreichendes Trinken, Bewegung und warme Bäder fördern die leichte Darmentleerung, sodass sich Hämorrhoiden meist von selbst zurückbilden. Beschwerden klingen oft nach einigen Tagen ab, können aber durch entzündungshemmende Salben und abschwellende Zäpfchen gelindert werden.

Falls nötig, kann oberhalb der Hämorrhoide ein Band angelegt werden, das die Blutzufuhr unterbindet und die Hämorrhoide schrumpfen lässt. Außerdem gibt es verschiedene Methoden zur Verödung (u. a. mit Laser oder durch Einspritzen eines Medikaments). Wenn diese Therapien nicht greifen, kann in schweren Fällen ein chirurgischer Eingriff nötig sein.

>Fazit

Durch Sitzen auf einer Heizung werden Hämorrhoiden nicht verursacht, vorhandene können aber anschwellen und unangenehm werden. Sitzen auf einer kalten Mauer kann kurzzeitig Linderung bringen. Langes Sitzen kann Hämorrhoiden verschlimmern – jedoch ungeachtet der Oberflächentemperatur.

"Ein Cent in der Vase lässt Tulpen gerade stehen "

/Wenn man jahrhundertealtem Volksglauben trauen kann, lässt eine neue Kupfermünze Tulpen in der Vase kerzengerade stehen. Die moderne Chemie liefert Argumente, die dies zu untermauern scheinen. Floristen empfehlen aber meist, eine gründlich gereinigte Vase und frisches Wasser zu verwenden.

Ehe vor etwa 20 Jahren die Kupferpreise in die Höhe schnellten, bestanden viele kleine Münzen aus 90 % Kupfer. Heute bestehen sie vielfach aus Stahl oder Zink mit einer Umhüllung aus Kupfer, die nur noch wenige Prozent des Gesamtgewichts ausmacht. Trotzdem gibt es drei gute Gründe, warum Kupfermünzen Tulpen gerade stehen lassen:

1/ Zum Wachsen brauchen Pflanzen 17 Elemente: Kohlenstoff, Sauerstoff und Wasserstoff (in Luft und Wasser enthalten), sechs Makronährstoffe (Stickstoff, Kalium, Magnesium, Kalzium, Schwefel und Phosphor) sowie acht Spurenelemente aus dem Boden: Kupfer, Eisen, Zink, Kobalt, Chlor, Bor, Molybdän und Mangan. Diese Stoffe sind im Wasser des Bodens gelöst und werden durch die Wurzeln aufgenommen. Legt man Münzen ins Wasser, kann etwas Kupfer durch den angeschnittenen Stiel aufgenommen werden, und die Zellwände bleiben länger stabil.

2/ Kupfer wirkt fungizid. Vasen sollten sorgfältig mit heißem Seifenwasser gereinigt werden, denn Bakterien und Pilze lassen Schnittblumen schnell welken. Unter gewissen Bedingungen kann die positive Ionenkonzentration von Metallen wie Silber, Gold, Messing und Kupfer antibakterielle Wirkung besitzen. Dies nennt man den oligodynamischen Effekt (siehe auch S. 36).

3/ Kupfer senkt den pH-Wert des Wassers geringfügig (d. h., macht es saurer).

Kürzere Lebenserwartung

Frans Roozen, technischer Leiter am internationalen Blumenzwiebelzentrum in Hillegorn (Niederlande) erklärt jedoch: »Tulpen sind anspruchslos. Sauberes Wasser genügt.« Menschen, die Kupfer in die Vase geben, »sehen mit eigenen Augen ein schnelles Ergebnis und sagen: ›Ja, es stimmt.‹ Tatsächlich bekommt die Blume aber nur einen kurzen Energieschub und hat danach eine umso kürzere Lebensdauer.

Richtig schneiden

Die Stiele sollten mit einem Messer mit glatter Klinge schräg angeschnitten werden. So entsteht eine größere Oberfläche, die Wasser aufnehmen kann, und der schräge Schnitt kann nicht auf dem Vasenboden aufliegen, was die Wasseraufnahme behindern würde. Am besten schneidet man Tulpen morgens, wenn sie besonders viel Wasser und Nährstoffe gespeichert haben. Zwiebelblumen (wie Tulpen) bevorzugen kühles Wasser. Die Vase sollte nicht zu warm stehen.

Den Stiel einstechen

Damit Tulpen nicht in der Vase weiterwachsen und dabei krumm werden, durchstechen manche Floristen den Stiel knapp unter der Blüte mit einem scharfen Messer. Andere Floristen schwören auf eine zeitraubende, aber absolut zuverlässige Methode: Sie drahten alle Stiele an, bevor sie sie zu einem Strauß binden.

> **Fazit**

Kupfer kann eine kurzzeitige Verbesserung bewirken, verkürzt aber letztlich die Haltbarkeit der Schnittblumen. Sinnvoller ist es, eine saubere Vase und frisches Wasser zu verwenden und die Stiele alle zwei bis drei Tage neu anzuschneiden.

"Sodbrennen in der Schwangerschaft beeinflusst Haarwuchs des Babys"

/Mehr als die Hälfte aller schwangeren Frauen leidet unter Sodbrennen. Es zählt zu den meistverbreiteten Schwangerschaftsbeschwerden, ist aber normalerweise kein Alarmzeichen. Es tritt auf, wenn Magensäure in die Speiseröhre gelangt und dadurch ein Brennen im Hals und einen sauren Geschmack im Mund verursacht. Manchmal fühlt es sich an, als ob Nahrung im Hals festsitzt, manchmal treten auch Schmerzen oder Engegefühle in der Brust auf. Einen Zusammenhang mit der Behaarung des Kindes haben Ärzte jahrelang ausgeschlossen. Neue Studien, allerdings an einer kleinen Personengruppe, legen andere Schlüsse nahe.

Hormonelle Veränderungen

Wenn das Baby im Lauf der Schwangerschaft größer wird, kann es den Magen nach oben drücken. Dadurch entsteht ein Säurerückfluss, der das Sodbrennen verursacht. Normalerweise verhindert ein Schließmuskel, dass Verdauungssäfte aus dem Magen in die Speiseröhre gelangen. Hormonelle Veränderungen bewirken eine Entspannung der Uterus-Muskulatur, damit diese sich ausdehnen kann, aber auch die Entspannung anderer Muskeln wie eben dieses Schließmuskels.

Einfluss auf den Haarwuchs?

Eine neuere Studie der John Hopkins Universität zeigt auffällige

Übereinstimmungen zwischen Sodbrennen und der Behaarung des Neugeborenen. Es wird vermutet, dass die Hormone, die den Schließmuskel entspannen, auch den Haarwuchs beeinflussen.

2006 wurden 64 schwangere Frauen untersucht, 78 % litten an Sodbrennen und sollten den Grad auf einer Skala einordnen. Kurz nach den Entbindungen wurden die Köpfe der Babys fotografiert. Unabhängige Beobachter werteten die Fotos aus und ordneten die Behaarung der Kinder ebenfalls auf einer Skala an. Im Studienbericht heißt es: »Die Schwere der Beschwerden stand nicht in Zusammenhang mit dem Geschlecht des Kindes oder Merkmalen der Mutter, etwa Alter oder Gewicht. Auffällig war jedoch die lineare Beziehung zwischen der Schwere des Sodbrennens und der Haarmenge.« 28 Frauen litten an starkem Sodbrennen, und 23 von ihnen (82 %) brachten Kinder mit durchschnittlicher oder überdurchschnittlicher Behaarung zur Welt. Zehn der zwölf Frauen ohne Sodbrennen (83 %) hatten Kinder mit wenigen oder keinen Haaren.

Autorin Kathleen Costigan, Schwester in der Abteilung für Gynäkologie und Geburtshilfe der John Hopkins Universitätsklinik, war überrascht. »Entgegen aller Erwartungen scheint ein Zusammenhang zwischen dem Sodbrennen in der Schwangerschaft und der Behaarung des Neugeborenen zu bestehen. Gehört haben wir die Behauptung oft, aber ich habe sie als Unsinn abgetan. Seit Erscheinen der Studienergebnisse musste ich dafür allerlei Kritik einstecken.«

Sie vermutet, dass der Grund in der erhöhten Ausschüttung der Hormone Östrogen und Progesteron liegt, die auch den Speiseröhren-Schließmuskel entspannen und so das Sodbrennen verstärken. Progesteron verlangsamt auch die Darmperistaltik und dadurch die Verdauung. Andere Studien haben gezeigt, dass dieselben Hormone den Haarwuchs bei ungeborenen Kindern verstärken.

> **>Fazit**

Es scheint ein Zusammenhang zwischen Sodbrennen und Behaarung zu bestehen: Je stärker das Sodbrennen, desto größer die Wahrscheinlichkeit eines Babys mit Kopfbehaarung.

"Nach Stein-obst darf man kein Wasser trinken"

/Die Hausfrauenweisheit, dass die Kombination von Steinobst und Wasser Bauchschmerzen verursacht, hält sich seit Generationen hartnäckig. Doch diese Sorge ist in unserer Zeit unberechtigt.

Alkoholische Gärung

Der alte Volksglaube kommt nicht ganz von ungefähr. Dass die Schalen von Früchten von Natur aus mit Hefepilzen besiedelt sind, wusste man bereits. Und es war auch bekannt, dass Hefe in Verbindung mit Zucker eine alkoholische Gärung in Gang setzen kann – was man sich bei der Herstellung von Wein ja auch gern zunutze machte. Auf den Glasballon, in dem sich der Wein entwickelte, setzte man ein Gärröhrchen, durch das das bei der Gärung entstehende Gas entweichen konnte. Diesem Gas – Kohlendioxid – gab man die Schuld an den Bauchschmerzen.

Hefepilze

Mit jeder Nahrung, die roh verzehrt wird, gelangen Hefen, Bakterien und andere Keime in den Magen. Kirschen besitzen im Verhältnis zu ihrem Fruchtgewicht eine weitaus größere Oberfläche als große Früchte wie beispielsweise Äpfel. Auch bei Pfirsichen und Aprikosen ist die Oberfläche aufgrund der samtigen Beschaffenheit der Haut groß. Insofern nimmt man mit diesen Steinobst-Arten einen höheren Anteil von Hefen und Keimen zu sich. Diese werden aber von der Magensäure neutralisiert, und auch die Bakterien der gesunden Darmflora verhindern, dass diese Keime Schaden anrichten können. Durch Trinken von Wasser wird die Magensäure zwar verdünnt, doch um ihre Wirkung deutlich zu beeinträchtigen, muss man schon recht große Mengen zu sich nehmen.

Wasserqualität

Das Problem dürfte früher in der schlechteren Trinkwasserhygiene gelegen haben, denn den meisten Menschen stand nur Brunnenwasser zur Verfügung. Dies verdünnte einerseits die Magensäure und führte dem Körper andererseits weitere Keime zu, sodass möglicherweise ein ungünstiges Mischungsverhältnis im Magen entstand.

Eine Frage der Mengen

Auch die Tatsache, dass viele Steinobst-Arten im Hochsommer reifen, kann zur Entstehung der Volksweisheit beigetragen haben. Bei Hitze steigt das Durstgefühl, und der schwitzende Mensch ist versucht, eine große Menge Wasser hastig zu trinken. Handelt es sich dabei um hygienisch nicht einwandfreies Brunnenwasser und wurde vorher, vielleicht während der Erntezeit, frisches Steinobst als Hauptmahlzeit verzehrt, können Blähungen und Bauchschmerzen durchaus aufgetreten sein.

Superfood

Sauerkirschen enthalten mehr bioaktive Stoffe als Süßkirschen, und ihr gesundheitlicher Wert wird auch durch das Erhitzen nicht nennenswert geschmälert. Sie gehören zu den wenigen Früchten, die relativ viel Melatonin enthalten. Dieser Stoff wird vom Körper zur Regelung des Schlaf-Wach-Rhythmus produziert. Studien zeigen, dass ein Glas Sauerkirschsaft den Schlaf fördern und Beschwerden durch Jetlag lindern kann. Ihr hoher Gehalt des Antioxidans Anthocyan trägt zur Regulierung des Blutzuckerspiegels bei. Außerdem enthalten Kirschen verschiedene Antioxidantien, die bei der Bekämpfung von Entzündungen helfen. Bei Athleten und Läufern hat sich Sauerkirschsaft als Hilfe gegen Muskelkater bewährt.

>Fazit

Heute sind bei einem Glas Wasser nach einer Portion Steinobst keine Beschwerden zu befürchten. Es empfiehlt sich aber, das Obst vor dem Verzehr zu waschen.

"Heißes Wasser löscht Durst besser als kaltes„

/Das American College of Sports Medicine empfiehlt beim Training kaltes Wasser und gekühlte Getränke, um die Körpertemperatur zu senken und weiteren Flüssigkeitsverlust durch Schwitzen zu vermeiden.

Wer länger als eine Stunde Sport treibt, sollte Sport-Drinks zu sich nehmen, um den Verlust an Flüssigkeit, Kohlenhydraten und Elektrolyten auszugleichen. Wer stark friert, ist mit heißen Getränken besser beraten, denn zur Erwärmung kalter Getränke verbraucht der Körper wertvolle Energie. Unabhängig von der Außentemperatur hydratisiert warmes Wasser den Körper schneller als kaltes, weil es schneller durch den Magen in die Blutbahn gelangt.

Vasopressin und Plasmaosmolalität

Ein wichtiger Faktor für den Flüssigkeitshaushalt ist die Ausschüttung des antidiuretischen Hormons (ADH), das auch als Vasopressin bekannt ist und das Durstgefühl auslöst. Es wird vom Hypothalamus ausgeschüttet, wenn infolge Flüssigkeitsmangels die Plasmaosmolalität (Konzentration gelöster Stoffe im Blut) zunimmt.

Kaltes Wasser aktiviert Rezeptoren im Hals, die die Ausschüttung von Vasopressin hemmen – das Durstgefühl verschwindet. Darum gibt man schwangeren Frauen während der Wehen Eiswürfel gegen den Durst, denn Trinken von viel Flüssigkeit könnte Probleme nach sich ziehen, wenn ein schneller Eingriff nötig wird.

Das Paradoxon des Edward Deaux

Ein Artikel im *New Scientist* vom 11. Oktober 1973 trug den Titel »Warme Getränke löschen den Durst nicht, aber tatsächlich tun sie es«. Darin ging es um ein anscheinend paradoxes Experiment zum Thema Durst, das Edward Deaux vom Institut für Psychologie am Antioch College in Ohio durchgeführt hatte. Deaux gab durstigen Ratten Wasser mit 12 °C, 24 °C und 37 °C. Vom kalten Wasser tranken sie deutlich weniger, obwohl man meinen sollte, dass kaltes Wasser den Durst besser löscht. Zuerst meinte er, die Ratten tränken weniger kaltes Wasser, um Unterkühlung zu vermeiden. Er senkte ihre Körpertemperatur künstlich ab, und der Konsum von kaltem und warmem Wasser sank in gleichem Maß. Das zeigt, dass die Körpertemperatur keine Rolle spielt.

Dann untersuchte er die Plasma-osmolalität. Studien haben gezeigt, dass die Zeit zwischen Trinken und Essen von Geschwindigkeit und Grad der Plasmaosmolalität abhängt. Nach dem Trinken von warmem Wasser aßen Deaux' Ratten früher als nach dem Trinken von kaltem Wasser. Das legt nahe, dass warmes Wasser schneller in die Blutbahn gelangt und den Körper schneller hydratisiert als kaltes. Andererseits tranken die Ratten weniger vom kalten Wasser, was wiederum vermuten lässt, dass sie sich schneller hydratisiert fühlten. Deaux erklärt den vermeintlichen Widerspruch durch die Magendehnung, denn kaltes Wasser passiert den Magen langsamer: »Das Paradox legt nahe, dass die Stillung von Durst von der Temperatur und der Magendehnung gleichermaßen beeinflusst wird.«

Hydratisierung und Durstlöschung

Warmes Wasser hydratisiert den Körper schneller, aber kaltes Wasser löscht den Durst besser. Kaltes Wasser bleibt länger im Magen, bewirkt eine längere Ausdehnung, und das Durstgefühl wird gelindert. Alexandra W. Logue erklärt jedoch in ihrem Buch *The Psychology of Eating and Drinking*: »Viele Menschen glauben, ein kaltes Getränk löscht den Durst am besten. Die Wirkung hält jedoch nur kurze Zeit an. Langfristig besteht der wirkungsvollere Weg gegen Durst darin, mehr Wasser zu trinken.«

> **Fazit**

Kaltes Wasser löscht den Durst, aber warmes hydratisiert den Körper schneller.

"Abendrot, Schönwetter- brot – Morgen- rot, schlecht Wetter droht"

/Diese Wetterregel und ihre Varianten kennen viele Menschen auf der nördlichen und südlichen Halbkugel, und aus gutem Grund: Sie ist wahr. Ein flammender Sonnenuntergang verspricht für den folgenden Tag trockenes Wetter, während eine rot aufgehende Sonne meist schlechtes Wetter ankündigt. Diese uralte Wetterregel taucht schon in der Bibel auf.

Im Matthäusevangelium fordern Pharisäer und Sadduzäer Jesus auf, sie ein Zeichen des Himmels sehen zu lassen. »Aber er antwortete und sprach: Des Abends sprecht ihr: Es wird ein schöner Tag werden, denn der Himmel ist rot. Und des Morgens sprecht ihr: Es wird heute ein Unwetter kommen, denn der Himmel ist rot und trübe. Über das Aussehen des Himmels könnt ihr urteilen; könnt ihr dann nicht auch über die Zeichen der Zeit urteilen?« (Matth 16:2–3).

William Shakespeare spielt in seinem epischen Gedicht *Venus und Adonis* (1593) darauf an:

»Aufgeht noch einmal das Rubin-portal, durch dessen Honig seine Rede gleitet; ein roter Morgen scheint's, der allemal Wrack dem Matrosen, Sturm der Flur bedeutet; den Schäfern Leid, den kleinen Vögeln Weh', den Herden aber Hagelwind und Schnee.«

Sturmtiefs werden normalerweise von westlichen Winden von Westen nach Osten vorangetrieben. Die Sonne geht im Osten auf und im Westen unter. Wenn bei Sonnenuntergang feuchtigkeits-schwere Wolken vom Betrachter weg nach Osten ziehen, strahlt die Sonne ihre Unterseiten an. Das Licht erscheint rot, weil es den dickeren Teil der Atmosphäre in einem niedrigen Winkel durchdringt und die kürzeren Wellenlängen – Blau und Grün – gestreut werden. Morgens wird ein roter Himmel durch entgegengesetzte Faktoren verursacht: Sonnenlicht von Osten strahlt Wolken im Westen an, die während des Tages ostwärts ziehen werden und dem Betrachter schlechtes Wetter bescheren (so-fern ihre Feuchtigkeit bis dahin nicht verdunstet ist).

> **Fazit**

Ein dunkelroter Sonnenuntergang kündigt oft beständig schönes Wetter an. Ein roter Morgenhimmel deutet auf eine Schlechtwetterfront hin, die von Westen aufzieht.

" Gut gekaut ist halb verdaut "

/Im 19. Jahrhundert wurde der amerikanische Gesundheits-Guru Horace Fletcher durch eine Technik berühmt, die er »Fletcherizing« nannte. Er riet seinen Anhängern, jeden Bissen Nahrung 32-mal zu kauen – einmal für jeden Zahn oder 100-mal in der Minute – und erst dann zu schlucken.

Sein Motto »Wer nicht gut kaut, den bestraft die Natur« trug ihm den Spitznamen »The Great Mastigator« (der große Kauer) ein. Als er 1919 starb, hatte er sich dem Kalorienzählen zugewandt. Allerdings zeigte eine kürzlich in China durchgeführte vergleichende Studie, dass junge Männer, die jeden Bissen 40-mal (statt 15-mal) kauten, etwa 12 % weniger Kalorien aufnahmen.

Jie Li und seine Kollegen vom Institut für Volksgesundheit an der medizinischen Hochschule Harbin untersuchten 30 junge Männer, davon 16 schlank und 14 übergewichtig, und veröffentlichten ihre Ergebnisse im *American Journal of Clinical Nutrition*. Sie stellten fest, dass bei etwa gleicher Bissgröße die übergewichtigen Probanden schneller aßen und weniger kauten als die schlanken. Dann trennten sie die beiden Gruppen, servierten

ihnen das Gleiche und wiesen sie an, jeden Bissen 15-mal zu kauen. In einem zweiten Test lautete die Anweisung, jeden Bissen 40-mal zu kauen. Beim zweiten Test nahmen beide Gruppen 11,9 % weniger Kalorien zu sich.

Ghrelin und Cholecystokinin

Das intensivere Kauen wirkte sich auch auf den Spiegel zweier wichtiger Hormone aus, der nach jeder Mahlzeit gemessen wurde.

Das 40-malige Kauen jedes Bissens bewirkte einen niedrigeren Ghrelin-Spiegel. Dieser Stoff regt den Appetit an. Höher hingegen war der Spiegel des Hormons Cholecystokinin (CCK), das Bauchspeicheldrüse und Gallenblase zur Ausschüttung von Enzymen und Gallenflüssigkeit anregt und den Hunger unterdrückt.

Für die künftige Behandlung Übergewichtiger sind diese

Ergebnisse vielversprechend, die Resultate können bei anderen Testgruppen jedoch abweichen. Ein erhöhter CCK-Spiegel unterdrückt bei jungen männlichen Ratten beispielsweise den Hunger erheblich, bei älteren Tieren aber in geringerem Maß, und die Wirkung ist bei weiblichen Tieren noch geringer.

Wir kauen nicht alles

Ein durchschnittlicher Mensch, der seine Kalorienzufuhr um 12 % reduziert, würde in einem Jahr etwa 12 kg abnehmen. Allerdings kauen wir nicht alles, was wir zu uns nehmen. Eis, Getränke und Suppen schlagen unverändert zu Buche.

Viele Ernährungsberater empfehlen, bewusster zu essen, statt das Essen hineinzuschaufeln. Durch gründliches Kauen nehmen die Menschen besser wahr, was und wie sie essen. Und in der Zeit bis zur Ausschüttung der Hormone, die dem Gehirn das »Satt«-Signal geben, wird weniger Nahrung aufgenommen.

Nahrung trinken

Aus dem Taoismus kommt die Empfehlung, Nahrung so gründlich zu kauen, dass sie flüssig – quasi trinkbar – wird. So können Verdauungsenzyme im Speichel bereits auf sie einwirken, bevor sie den Magen erreicht, sodass ihr mehr Nährstoffe entzogen werden. Bei Patienten mit krankhaften Essstörungen kann dies aber bewirken, dass sie bei unveränderter Nahrungsmenge zunehmen, weil ihr Verdauungssystem aus der Nahrung mehr Kalorien aufnimmt.

Frühere Studien konnten keinen Zusammenhang zwischen Kauen und Kalorienaufnahme nachweisen. Auch Axel Drewnowski, Leiter des Zentrums für Adipositasforschung an der Universität Washington, ist skeptisch. »Wenn man jeden Bissen 100-mal oder öfter kaut, isst man letztendlich wahrscheinlich weniger. Ich bezweifle aber, dass dies eine wirkungsvolle Vorbeugung gegen Übergewicht ist.«

> **Fazit**

Ein Mensch, der seine Kalorienzufuhr um 12 % reduziert, würde in einem Jahr etwa 12 kg abnehmen. Allerdings kauen wir nicht alles, was wir zu uns nehmen. Eis, Getränke und Suppen schlagen unverändert zu Buche.

"Essig und Zeitungspapier bringen Fenster zum Glänzen "

/Seit Generationen schwören Hausfrauen auf zerknülltes Zeitungspapier und Essig als Geheimrezept für makellos glänzende Fenster. Allerdings hat sich die Zusammensetzung der Druckerschwärze im Lauf der letzten 30 Jahre verändert, sodass die Wirkung nicht mehr so gut ist wie vor einem halben Jahrhundert.

Druckerschwärze

Manche Kritiker meinen, dass Druckfarbe auf Sojabasis im Gegensatz zu früheren Produkten auf Mineralölbasis Streifen hinterlässt. Allerdings enthält Sojafarbe ähnliche Pigmente, Harze und Wachse wie ihr Vorläufer (um die Trocknung zu beschleunigen und sie abriebfest zu machen), sodass auch sie für guten Glanz sorgt. Weil sie zudem in dünnerer Schichtstärke gedruckt werden kann, färbt sie weniger auf die Hände ab.

Regelmäßige Reinigung

Drei Teile Wasser mit einem Teil klarem Essig mischen, ein altes Baumwollhandtuch eintauchen und das Fenster abwaschen. Dann mit zerknülltem Zeitungspapier abtrocknen und polieren.

Warum funktioniert es?

Zeitungspapier saugt die Feuchtigkeit auf. Gleichzeitig polieren die winzigen Farb- und Harzpartikel durch ihre abrasive Wirkung die Oberfläche, und Öle wirken als Schmiermittel. Der Essig ist eine Säure. Er löst Fett, Bakterien, Schimmel und Kalkablagerungen vom Glas. Die Druckerschwärze haftet nicht an dem glatten, porenfreien Glas, wohl aber am Fensterrahmen (darum sollte dieser nicht mit Zeitung abgerieben werden). Glas stößt Wasser ab, das Papier saugt Wasser und gelöste Schmutzpartikel auf – die ideale Kombination.

Vor- und Nachteile

Während Lappen und Küchenpapier Fusseln auf dem Glas hinterlassen können, ist Zeitungspapier fusselfrei. Hochwertiges Papier enthält Feststoffe wie Kalziumkarbonat und Siliziumdioxid, die feine Kratzer hinterlassen können. Druckerschwärze auf Mineralölbasis konnte Schlieren auf dem Glas hinterlassen. Diese Gefahr ist bei moderner Druckfarbe auf Wasser-Soja-Basis geringer.

>Fazit

Trotz veränderter Zusammensetzung der Druckerschwärze eignen sich Essig und Zeitungspapier gut zum streifenfreien Säubern von Fenstern.

"Ein Apfel pro Tag, mit dem Doktor kein Plag„

/2004 veröffentlichten Jeanelle Boyer und Rui H. Liu von den Instituten für Ernährungswissenschaft und vergleichende Umwelt-Toxikologie der Cornell University den Artikel »Der gesundheitliche Nutzen von Phytochemikalien in Äpfeln«. Er sollte die neueren Kenntnisse über den gesundheitlichen Wert von Äpfeln zusammenfassen und befasste sich mit »dem phytochemischen Profil, der biologischen Verfügbarkeit der Phytochemikalien in Äpfeln sowie Faktoren wie Sorte, Reifung, Lagerung und Verarbeitung, die Einfluss auf die Qualität der Inhaltsstoffe haben können.«

Der vollständige englische Text ist online unter www.nutritionj.com/content/3/1/5 zu finden. Er lobt Äpfel in den höchsten Tönen, und es wäre schon ungewöhnlich, nach der Lektüre keinen Apfel auf den täglichen Speiseplan zu setzen.

Krebs

Verschiedene Studien haben ergeben, dass Äpfel das Risiko für Krebserkrankungen, vor allem Lungenkrebs, senken. In der Nurses' Health Study und der Health Professionals' Follow-up Study wurden über 77 000 Frauen und 47 000 Männer untersucht. Frauen, die täglich mindestens eine Portion Äpfel oder Birnen aßen, zeigten ein verringertes Lungenkrebs-Risiko. Bei Männern konnte kein Zusammenhang zwischen bestimmten Obstsorten und dem Lungenkrebs-Risiko nachgewiesen werden.

Herz-Kreislauf-Erkrankungen

Auch das Risiko für Herz-Kreislauf-Erkrankungen soll durch Äpfel gesenkt werden. Die Women's Health Study untersuchte fast 40 000 Frauen und konzentrierte sich auf den Zusammenhang zwischen Flavonoiden und Herz-Kreislauf-Erkrankungen. Nachuntersuchungen nach sechs und neun Jahren ergaben, dass bei Frauen, die die größten Mengen an Flavonoiden zu sich nahmen, das Krankheitsrisiko um 35 % gesenkt wurde.

Asthma und Lungenfunktion

Der Verzehr von Äpfeln gilt als nützlich bei Asthma und soll generell die gesunde Lungenfunktion stärken. Eine neuere Studie aus Australien an 1600 Erwachsenen zeigte einen Zusammenhang zwischen dem Verzehr von Äpfeln und Birnen und einer Verringerung des Asthmarisikos sowie der Überempfindlichkeit der Bronchien. Ein Zusammenhang zwischen der Gesamt-Verzehrmenge an Obst und Gemüse und dem Risiko oder der Schwere von Asthma konnte nicht nachgewiesen werden.

Diabetes und Gewichtsabnahme

Äpfel können nicht nur das Risiko für Herzkrankheiten, Krebs und Asthma senken, sondern auch Diabetes vorbeugen. Eine finnische Studie an 10 000 Probanden bestätigt einen Zusammenhang zwischen einem verringerten Risiko für Diabetes Typ II und dem Verzehr von Äpfeln.

Antioxidantien

Vor allem die Schale von Äpfeln enthält hochwirksame Antioxidantien, die das Wachstum von Darm- und Leberkrebszellen wirkungsvoll hemmen.

Cholesterinsenker

Die vorbeugende Wirkung gegen Herz-Kreislauf-Krankheiten kann damit zusammenhängen, dass Äpfel auch den Cholesterinspiegel senken können.

Phytochemikalien

Äpfel sind reich an Flavonoiden und anderen pflanzlichen Inhaltsstoffen. Die genaue Konzentration dieser Phytochemikalien hängt von der Apfelsorte, der Ernte, der Lagerung und Verarbeitung der Äpfel ab, außerdem unterscheidet sich die Konzentration in Schale und Fruchtfleisch erheblich.

Weil Apfelschale mehr Antioxidantien – vor allem Quercetin – enthält, ist ihre bioaktive Wirkung wahrscheinlich größer als die des Fruchtfleischs. Studien zeigen, dass die antioxidative Wirkung von Äpfeln mit Schale höher ist als die Wirkung geschälter Äpfel.

Zu den besterforschten antioxidativen Verbindungen in Äpfeln gehören Quercetin-3-Galaktoside, Quercetin-3-Glucoside, Quercetin-3-Rhamnoside, Catechine, Epicatechine, Procyanidine, Cyanidin-3-Galaktoside, Cumarinsäure, Chlorogensäure, Gallussäure und Phloridzin.

>Fazit

Zahlreiche epidemiologische Studien haben gezeigt, dass Äpfel das Risiko für chronische Leiden wie Herz-Kreislauf-Krankheiten, Krebs und Asthma senken können.

In-vitro- und Tierversuche belegen, dass die in Äpfeln enthaltenen Antioxidantien die Vermehrung von Krebszellen hemmen, die Lipidoxidation reduzieren, den Cholesterinspiegel senken und dadurch verschiedenen chronischen Krankheiten vorbeugen können.

Äpfel enthalten zahlreiche Phytochemikalien, von denen viele nachweislich antioxidativ wirken und Krebs bekämpfen.

"Warme Milch fördert das Einschlafen"

/Es gibt verschiedene mögliche Erklärungen dafür, dass eine Tasse warme Milch manchen Menschen beim Einschlafen hilft. Keine davon ist jedoch wissenschaftlich bewiesen, also beruht die Wirkung vielleicht auf dem Placebo-Effekt.

1/ Studien belegen, dass Tiere leichter einschlafen, wenn ihnen angenehm warm ist.

2/ Eventuell stellt sich bei Erwachsenen nach dem Genuss warmer Milch unbewusst eine Assoziation zu dem Gefühl »sattes Baby« ein. Dieses Phänomen wurde bei Erwachsenen bisher nicht untersucht. Eine Studie, die kürzlich in den *Neuroendrocrinology Letters* veröffentlicht wurde, ergab aber, dass Babys nach dem Füttern schneller einschlafen.

3/ Milch enthält, wie Putenfleisch, die Aminosäure Tryptophan, die eine gewisse Schläfrigkeit auslösen soll. Im Körper wird Tryptophan in den Botenstoff Serotonin umgewandelt, der zu Gefühlen wie Wohlbehagen und Zufriedenheit beiträgt. Der Tryptophangehalt von Putenfleisch ist jedoch nicht höher als in anderen Fleischsorten und insofern als Auslöser von Müdigkeit unwahrscheinlich. Auch der Tryptophangehalt von Milch ist zu gering, um diese Wirkung zu zeigen.

Blut-Hirn-Schranke

Nach Ansicht von Dr. Timothy Morgenthaler, Schlafspezialist an der Mayo-Klinik, gibt es kein schlafförderndes Lebensmittel. Zudem ist bei der Aufnahme von Tryptophan nicht gewährleistet, dass dies die Blut-Hirn-Schranke durchquert und im Gehirn chemische Veränderungen auslöst. Eine Studie des Massachusetts Institute of Technology, die im *American Journal of Clinical Nutrition* veröffentlicht wurde, zeigte 2003 sogar, dass der Verzehr proteinreicher Lebensmittel wie Milch die Wirkung von Tryptophan auf das Gehirn verringerte.

Gewohnheit und Assoziation

Die wahrscheinlichste Erklärung für die schlaffördernde Wirkung warmer Milch liegt auf der positiven Wirkung von Gewohnheit und Assoziation. Regelmäßige Abendrituale wirken auf Kinder und Erwachsene gleichermaßen beruhigend. Wenn warme Milch mit der beruhigenden Vorbereitung auf den Schlaf assoziiert wird, dann wird sie mit der Zeit zu einer eigenständigen psychologischen Verstärkung, vor allem, wenn sie den Stellenwert einer verwöhnenden Leckerei bekommt. Allein dadurch

werden Glückszentren im Gehirn stimuliert, und es stellen sich Gefühle wie Wohlbehagen und Entspannung ein.

>Fazit

Wenn Ihnen warme Milch das Einschlafen erleichtert, haben Sie erfolgreich positive Assoziationen hergestellt, die einen wichtigen Teil der Abendroutine bilden. Die Wirkung beruht auf psychologischen Faktoren und nicht auf physischen.

"Das Butterbrot landet immer auf der bestrichenen Seite "

/Wenn beim Frühstück eine Scheibe Toast herunterfällt und auf der Butterseite landet, scheint sich Murphys Gesetz zu bewahrheiten: »Wenn etwas schiefgehen kann, dann wird es schiefgehen.«

Wer sich mit Statistik auskennt, wird zweifeln. So wie bei einer geworfenen Münze das Verhältnis Kopf/Zahl ausgewogen ist, würde man es auch beim Butterbrot erwarten. Diese These wird sogar durch das Fernsehen gestützt. In einer Fernsehsendung der BBC wurde Toast 300-mal in die Luft geworfen, und die Landungen ergaben – wie bei der Münze – ein Verhältnis von 50/50. Allerdings hat der renommierte Wissenschaftsjournalist Robert Matthews nachgewiesen, dass »die Dynamik von fallendem Toast sehr empfind-

lich ist und maßgeblich von den Anfangsumständen abhängt.« Im wirklichen Leben wird Toast nicht geworfen, sondern rutscht vom Teller, wobei die Butterseite oben liegt.

1996 erhielt Matthews den Ig-Nobelpreis für seinen Aufsatz »Abstürzender Toast. Murphys Gesetz und die grundlegenden Konstanten«. Darin bewies er, dass die Wahrscheinlichkeit einer Landung auf der Butterseite größer ist, und begründete dies mit Gesetzen der Physik sowie der Größe von Menschen und der Höhe von Tischplatten.

Unbedeutende Butter

Zunächst bestritt er die Bedeutung des Gewichts der Butter. »Die Masse der Butter (ca. 4 g) ist in Relation zur Masse einer typischen Toastscheibe (ca. 35 g) gering. Sie wird dünn aufgetragen und dringt in den Toast ein. Ihr Anteil am Gesamt-Trägheitsmoment des Toasts – und somit ihre Auswirkung auf die Dynamik der Rotation – kann vernachlässigt werden.«

Unzureichende Winkelrotation

Dann führte er Experimente mit rechteckigen Brot- und Toastscheiben mit den Abmessungen 10 cm x 7,3 cm x 1,5 cm durch, geschnitten von einem Standard-Laib. Er schob sie von einer »starren, glatten und ebenen Küchenarbeitsplatte als Simulation eines sauberen Tischs ohne Tischdecke«, um den Wert des statischen Reibungskoeffizienten zwischen Brot/Toast und Plattenoberfläche zu ermitteln. Dies ergab, dass weder Brot noch Toast »eine ausreichende Winkelrotation besitzen, um nach einem freien Fall von der Tischplatte mit der Butterseite nach oben zu landen.« Die Rotation liegt aufgrund der Tischhöhe zwischen 90 und 270 Grad. Für eine vollständige Drehung reicht die Zeit des Falls nicht aus.

Zum Leiden verdammt

Dasselbe gilt für Brot, das einer stehenden Person vom Teller rutscht.

Hielte man den Teller über dem Kopf, hätte das Brot genug Zeit, um sich um mehr als 270 Grad zu drehen und mit der Butterseite nach oben zu landen. Wir halten Teller aber nicht in 2,10 m Höhe, sondern auf Taillen- oder Brusthöhe. Matthews folgert: »Somit sind wir Menschen dazu verdammt, den Toast stets auf der Butterseite landen zu sehen. Wir sind nicht groß genug, als dass er Zeit hätte, sich bis zum Erreichen des Bodens einmal komplett um sich selbst zu drehen.«

Lösung

Matthews bietet zwei Lösungen an: das Brot in kleinere Stücke zu schneiden, die sich schneller drehen, oder in dem Moment, in dem die Scheibe vom Teller rutscht, den Teller rasch wegzuziehen, sodass der Toast waagerecht zu Boden fällt. Weniger praktisch wäre es, eine Tisch- oder Tresenplatte in 2,10 m Höhe über dem Boden zu installieren.

>Fazit

Die menschliche Evolution und die universalen Gesetze der Physik bewirken, dass herabfallende Brotscheiben meistens auf der Butterseite landen.

"Früh zu Bett und auf zu früher Stund' macht den Menschen glücklich, reich und gesund „

5:30 AM

/Der strebsame, gebildete Frühaufsteher Benjamin Franklin lebte nach diesem Motto und publizierte es auch in seinem Jahrbuch *Poor Richard's Almanack*, das er 26 Jahre lang veröffentlichte. Er war definitiv ein Morgenmensch und glaubte daran, vor allem in den ersten Stunden des Tages besonders produktiv zu sein. Seitdem hat es zum Wert dieses Lebensrhythmus verschiedene wissenschaftliche Ergebnisse gegeben.

Tageskalorien und Junkfood

Eine Untersuchung der Northwestern University hat ergeben, dass Menschen, die lange wach bleiben und spät aufstehen, am Tag mehr Kalorien zu sich nehmen als Normalschläfer. Ausgewertet wurden die Schlafgewohnheiten von 52 Personen mit einem Durchschnittsalter von 30 Jahren. Spätschläfer gingen durchschnittlich um 3:45 Uhr ins Bett und wachten um 10:45 Uhr auf. Normalschläfer gingen um 0:30 Uhr schlafen und wachten um 8 Uhr auf. Die Spätschläfer konsumierten pro Tag 248 Kilokalorien mehr als die Normalschläfer, aßen doppelt so viel Junkfood, halb so viel Obst und Gemüse und hatten einen höheren Body Mass Index. Andere Studien zeigen, dass ungenügender Schlaf Übergewicht und Gesundheitsstörungen begünstigen kann. Wenn man aber sieben bis acht Stunden Schlaf pro Nacht braucht, spielt es dann eine Rolle, wann genau der Schlaf stattfindet?

Ganz nach Belieben

Dr. Joerg Huber hat an der Roehampton University 1068 Erwachsene untersucht und festgestellt: »Es gibt Morgenmenschen und Abendmenschen. Morgenmenschen sind meist gesünder, zufriedener und haben einen niedrigeren BMI. Aber vielleicht passen sie auch einfach besser in unsere geschäftige Welt als Abendmenschen.«

Wissenschaftler der Universität Southampton fanden heraus, dass Nachtmenschen nicht weniger gesund waren als Normalschläfer. Lediglich bei Personen, die mehr als 12 Nachtstunden im Bett verbrachten, bestand ein eineinhalbfach höheres Risiko, jünger zu sterben. »Unsere Ergebnisse legen nahe, dass es wahrscheinlich nicht klug ist, regelmäßig mehr als acht Stunden im Bett zu verbringen. Die Zeit des Schlafengehens und Aufstehens spielt keine große Rolle ... die Quintessenz unserer Studie ist, dass jeder seinen eigenen Bedürfnissen folgen sollte.«

Zwei-Phasen-Schlaf

Unser Schlaf wird von Natur und Kultur gleichermaßen beeinflusst, und es gibt kein Idealrezept für alle Menschen. Selbst die Acht-Stunden-Regel wurde kürzlich in Zweifel gezogen. Es gibt immer mehr Hinweise darauf, dass die Menschen vor dem 17. Jahrhundert (und vor der Erfindung des elektrischen Lichts) zweimal vier Stunden schliefen, unterbrochen von einigen Stunden der Aktivität. Nächtliches Aufwachen kann ein normaler Teil der menschlichen Physiologie sein. In den 1990er-Jahren setzte der Psychiater Thomas Weir eine Gruppe von Testpersonen einen Monat lang täglich 14 Stunden Dunkelheit aus. Sie schliefen vier Stunden, waren dann eine bis zwei Stunden wach und schliefen noch einmal vier Stunden. Der Historiker Roger Ekirch hat sogar ein ganzes Buch über die Anthropologie des Nachtlebens in der Vergangenheit geschrieben: *In der Stunde der Nacht: Eine Geschichte der Dunkelheit* enthält viele historische Belege für dieses Schlafmuster.

Veränderte Schlafbedürfnisse

Teenagern fällt frühes Aufstehen schwer, weil spätes Schlafengehen und Aufstehen besser zu ihrem natürlichen Schlafmuster passt. Früher wurde dies als Faulheit abgetan, inzwischen erkennen Lehrer und Erzieher jedoch, dass Jugendliche besser lernen, wenn ihr Schlafmuster berücksichtigt wird. Schulen, in denen der Unterricht um 10 oder 11 Uhr beginnt, konnten verbesserte Lernergebnisse verzeichnen. Professor Russell Foster, Vorsitzender der Circadian Neuroscience am Brasenose College (Oxford) hat nachgewiesen, dass jugendliche Gehirne am Nachmittag besser arbeiten und dass es darum gut ist, wenn junge Menschen zwei Stunden länger im Bett bleiben. Ab etwa 20 Jahren lässt dieses Bedürfnis allmählich nach, und mit etwa 55 Jahren tickt die innere Uhr ähnlich wie vor dem Teenageralter.

Top-Manager stehen früh auf

Glaubt man einer kleinen Studie von Jim Citron von Yahoo! Finance, stehen Wohlstand und Erfolg von Managern im Zusammenhang mit dem frühen Aufstehen. Er schickte Fragebogen an 20 Firmenchefs und erhielt 17 ausgefüllt zurück. Alle Teilnehmer standen vor 6 Uhr auf, fast 80 % erwachten um 5.30 Uhr oder früher, einige sogar um 4.30 Uhr. Das überrascht nicht. Tatkräftige Personen mit viel Verantwortung und hoher Arbeitsbelastung verzichten in unserer Businesskultur oft auf Schlaf, um stets die Nase vorn zu behalten. Sie stehen früh auf, weil sie sich getrieben fühlen, gewinnen jedoch nicht die Antriebskraft aus dem frühen Aufstehen.

> **Fazit**

In unserer hektischen Welt gewinnen Frühaufsteher Zeit, um Dinge zu erledigen. Frühes
Aufstehen mag Vorteile haben, wichtiger ist
aber, wie viel Schlaf eine Person braucht und
ob (nicht wann) sie ihn bekommt.

glücklich   reich   gesund

"Lange Wehen – dann ist es ein Junge "

/Eine alte Hebammen-Weisheit lautet, dass lang andauernde Wehen die Geburt eines Jungen ankündigen. Neuere Studien zeigen, dass daran etwas sein könnte. Bei Jungen treten häufiger Komplikationen während der Geburt auf. Der Prozentsatz männlicher und weiblicher Säuglinge, die nach der Geburt Intensivpflege brauchen, ist aber gleich.

Zwischen 1997 und 2000 wertete Dr. Maeve Eogan am National Maternity Hospital in Dublin (Irland) 8075 Entbindungen aus. Die Ergebnisse der Studie wurden im *British Medical Journal* veröffentlicht. »Um Anspannung zu lindern, sagen wir Frauen mit schwierigen oder langen Wehen oft im Spaß, dass es ›bestimmt ein Junge ist‹. Wir wollten wissen, ob daran etwas Wahres ist.« Statistisch waren die Ergebnisse eindrucksvoll. Bei 29 % der Jungen traten Komplikationen auf, aber nur bei 24 % der Mädchen. Bei Frauen, die Jungen zur Welt brachten, lag das Kaiserschnitt-Risiko um 50 % höher und das Risiko einer Zangengeburt um 25 % höher als bei Mädchengeburten. Bei Jungen lag die Länge der Wehenphase knapp über sechs Stunden, bei Mädchen knapp unter sechs Stunden. Bei Jungen trat häufiger Sauerstoffmangel im Uterus auf, und den Müttern musste häufiger das Hormon Oxytocin zur Anregung der Wehentätigkeit verabreicht werden.

Ein möglicher Grund könnte darin bestehen, dass Jungen oft größer und schwerer sind als Mädchen und einen größeren Kopf haben. Das erklärt aber nicht, warum bei Jungen häufiger Sauerstoffmangel auftritt. Dr. Eogan meint, dass »der gesamte Vorgang der Wehentätigkeit Jungen in höherem Maße strapazieren könnte.« Auch die unterschiedlichen Östrogen- und Testosteronspiegel könnten eine Ursache sein.

Zwei weitere aktuelle Studien unterstützen diese Ergebnisse. 2002 wurde in einer Auswertung von 90 000 Geburten festgestellt, dass das Risiko eines Stillstands während der Presswehen bei Jungen um 50 % höher liegt als bei Mädchen. 2009 ergab eine Studie an der Sackler School of Medicine an der Universität Tel Aviv unter Prof. Marek Glezerman, dem Leiter der Abteilung für Gynäkologie und Geburtshilfe, dass »Schwangerschaften mit einem männlichen Fötus oft komplizierter verlaufen. Es kommt häufiger zum vorzeitigen Platzen der Fruchtblase und zu Frühgeburten. Männliche Kinder, die termingerecht geboren werden, sind oft ungewöhnlich groß, was die Geburt erschwert oder einen Kaiserschnitt erfordert.«

Prof. Glezerman, Experte für geschlechtsbezogene Medizin, geht noch weiter: »Jungen sind vor der Geburt empfindlicher, und diese Empfindlichkeit hält ein Leben lang an. Bekanntlich haben Männer eine kürzere Lebenserwartung, sind anfälliger für Infektionen und haben geringere Chancen als Frauen, Krankheiten zu überstehen. Kurz gesagt, Männer sind das schwache Geschlecht.«

> **>Fazit**

Bei männlichen Babys besteht eine geringfügig erhöhte Wahrscheinlichkeit für eine längere oder kompliziertere Geburt und für eine größere Anfälligkeit nach der Geburt. Dennoch besteht kein Grund zur Beunruhigung, denn die Entbindung eines Jungen ist keine Risikogeburt.